la réparation

sur le champ

Collection dirigée par Catherine Dolto-Tolitch

MARYSE VAILLANT

La réparation

De la délinquance
à la découverte de la responsabilité

Préface de
Boris Cyrulnik

nrf

GALLIMARD

L'éducation doit trouver sa voie entre le Scylla du laisser-aller et le Charybde de l'interdiction.

S. FREUD,
Nouvelles conférences sur la psychanalyse

Sommaire

Au cours de mon travail avec des enfants précocement abandonnés ou agressés dans leurs milieux, il s'est passé un phénomène curieux. Ils avaient tous été gravement blessés et leur développement avait été altéré, mais, contrairement à toute prévision, un certain nombre d'entre eux étaient parvenus à reprendre leur développement. Si l'on fait souvent remarquer que ces enfants, lorsqu'ils échappent à la mort, donnent une très forte proportion de retardés mentaux et de délinquants, on parle beaucoup moins de leur guérison.

Maryse Vaillant pose le problème de la réparation, tant celle du sujet blessé qui se répare que celle du sujet qui a blessé et qui se répare en réparant sa faute.

Car si nous sommes humains, nous sommes responsables. Nous devons répondre des blessures que nous infligeons. Un être humain déresponsabilisé perd un peu de son humanité quand son aventure familiale ou sociale le met en position passive pour recevoir des éléments nutritifs physiques, psychiques et sociaux, comme un nourrisson ou un malade perfusé. Cet assistanat altère l'estime de soi. Un nourrisson exige d'être nourri et un blessé ne peut faire autrement. Mais un adulte, un homme responsable, est blessé une deuxième fois quand on l'aide d'une manière telle qu'il ne peut pas rendre l'équivalent de ce qu'il a reçu et se retrouve ainsi dans une position humiliante.

Et si les mesures qui permettent la réparation se mettaient en place avant l'accident, avant la blessure reçue ou infligée ? Et si l'on prévoyait des rituels d'apaisement sociaux et de réconciliation ? Quand un délinquant est puni ou menacé d'être puni, cela freine parfois quelques passages à l'acte, mais imprègne en lui le sentiment que les rapports sociaux ne sont que des rapports de force ou de filouterie, préparant ainsi à d'autres passages à l'acte. Avec les mesures de réparation, c'est le délinquant qui devra réparer. Il devient responsable de ses actes et devra en répondre. Alors que, auparavant, il se contentait de réagir — à la police qui le provoquait en se promenant dans son quartier, à la vue des grandes surfaces qui le provoquaient en exposant des biens de consommation, aux gens cultivés qui le provoquaient en employant des mots qu'il ne comprenait pas —, désormais, c'est lui qui devra agir, prendre en charge les plus vulnérables de notre société. Il se répare en réparant les personnes âgées, les plus jeunes qui s'orientent vers un comportement antisocial, en restaurant les zones de la cité abandonnées par nos systèmes d'entretien.

Mais cette action réparatrice n'est humaine que si elle est accompagnée par une pensée réparatrice. Il faut se représenter le monde blessé d'un autre pour accéder à l'empathie. Or, c'est après un long cheminement qu'on découvre le monde intime des autres. S'il n'y a pas de chemin vers l'autre, on reste centré sur soi. Alors on peut détruire l'autre en rigolant, sans éprouver le moindre sentiment de crime. Apprendre que d'autres mondes mentaux que le sien existent, et apprendre à les découvrir, c'est un enrichissement parfois difficile, un cheminement parfois laborieux qu'un enfant ne fera que si, autour de lui, la famille et la société ont disposé des circuits d'orientation, des mains tendues, des lieux d'apprentissage.

Quand l'alentour est privé de tuteurs, de circuits d'orientation, l'enfant ne connaît que lui-même comme seul objet extérieur à lui-même. Il ne rencontre que d'autres enfants analogues à lui-même, avec lesquels il patauge dans une société mal formée, composée d'impulsions fiévreuses et de mépris de soi. Car il faut triompher d'épreuves pour devenir fier de soi-même. Un enfant assisté n'est pas un enfant entouré. C'est un petit perfusé qui apprend la passivité honteuse au lieu d'acquérir la fierté de ses victoires.

Et surtout, son identité narrative, le récit qu'il se fait de lui-même, est une histoire misérable où ses seules victoires ne sont que des transgressions sans gloire. Un adolescent sans responsabilité est privé de la fierté d'avoir accompli un événement humain.

La prison n'est pas une réparation. C'est une punition cruelle et infamante qui oriente encore plus vers les circuits de la désocialisation. Elle torture et altère le développement des personnalités et constitue une identité antisociale : « Je suis celui qui n'est capable de connaître que la prison… »

Il y a d'autres moyens de métamorphoser l'horreur. On les connaît, mais on n'ose pas toujours les employer, tant ils paraissent naïfs. Peut-être sont-ils simples parce qu'ils sont élémentaires, donc nécessaires ? Tous les moyens d'expression donnent forme à l'humanité : le dessin, le théâtre ou l'écriture métamorphosent l'horreur et la transforment en œuvre d'art. Nous possédons les outils de la résilience, cette aptitude à reprendre le développement malgré un accident fracassant. La haine empêche la résilience, car, en opposant trop, elle sépare, elle isole, comme le ferait une prison affective. Alors que la réparation, en nouant des liens avec les autres, réintègre l'adolescent dans une trajectoire sociale.

Les rencontres jouent un rôle capital dans les processus de résilience. Encore faut-il que la société les rende possibles : rencontre intime d'une psychothérapie, rencontre banale d'un

« grand frère », rencontre artistique ou rencontre divine, toutes participent à l'épanouissement de la personne et toutes offrent des possibilités de métamorphoser sa souffrance et de transformer sa honte en dignité.
Celui qui est honteux de recevoir devient hostile à celui qui donne. Mais quand la culture en fait un acteur capable de réparer, le blessé de l'âme n'éprouve plus de haine. Soulagé de cet affect qui empoisonne le sujet et ses relations, il s'apaise et se répare : « C'est le temps de la transformation de l'angoisse en création, de la dette en don, de la haine en pardon », nous explique Maryse Vaillant.

BORIS CYRULNIK

Introduction

Michel, grand gaillard dégingandé de seize ans, a été surpris par une patrouille de police en train d'effectuer des « tags » à l'aide de marqueurs et de bombes de peinture sur les murs et la porte d'un immeuble du centre-ville. À l'éducateur du tribunal pour enfants, il déclare savoir que la pratique du tag constitue un délit et que sa mère l'avait mis en garde. Par ailleurs, il reconnaît que les tags causent souvent des dommages irréversibles ou élevés en coûts de réparation pour les victimes. Après le nettoyage de ses tags, il prend part à la distribution de sacs destinés à la collecte de vêtements pour une association caritative[1].

Pour un délit analogue, Franck propose au juge de « se rendre utile auprès de personnes âgées ». Il va donc à la maison de retraite, sous la responsabilité du CHU, pour accompagner les personnes âgées au self et dans le jardin et pour aider à débarrasser les tables et à faire la vaisselle. D'après la personne chargée de son suivi, le travail est globalement satisfaisant. Franck a un excellent contact avec les résidants, qui l'apprécient et le réclament. Il se montre plus timide avec le personnel, a du mal à trouver sa place, pendant la vaisselle, par exemple[2].

1 Extrait d'un rapport rédigé par un éducateur à l'attention du magistrat.

2 Extrait d'un rapport rédigé par une éducatrice à l'attention du magistrat.

Rachid travaille une semaine dans une permanence de Médecins du monde, où il aide au nettoyage et à l'entretien des locaux. Il participe également à l'accueil des usagers. Il se montre gentil, serviable, prévenant, volontaire pour les tâches les plus dures (déchargement de matériel lourd) et les moins agréables (nettoyage du hall de l'entrée). Il se sent à l'aise, fait preuve d'initiatives adaptées, telles que s'occuper de petits enfants qui trouvent le temps long un jour d'affluence. Il était poursuivi pour vol avec violence sans incapacité temporaire de travail[1].
Samy rembourse au garage à qui il a dérobé un cyclomoteur le montant de la franchise que ne prend pas en charge l'assurance. Il adresse une lettre d'excuses au garagiste.

Il n'est pas rare aujourd'hui de croiser dans les maisons de retraite, chez les pompiers ou dans les services d'entretien des mairies de jeunes délinquants qui, comme Michel, Franck, Rachid ou Samy, bénéficient d'une mesure de réparation ordonnée par un procureur ou un juge pour enfants. Auteurs de dégradations, de vols ou d'agressions, ils ont été arrêtés par la police avant d'être déférés au tribunal pour enfants. Certains d'entre eux, hier encore, seraient rentrés chez eux sans autre forme de procès ; d'autres auraient été mis sous mandat de dépôt, en attendant d'être jugés. Comme la loi le permet depuis 1993, un magistrat leur a proposé une « activité d'aide ou de réparation à l'égard de la victime ou dans l'intérêt de la collectivité[2] », et ils ont accepté.
L'image de ces jeunes délinquants rendant des services à la collectivité a de quoi surprendre. Elle va à l'encontre du

1 Ibid.
2 Ordonnance du 2 février 1945, article 12-1 : « Le procureur de la République, la juridiction chargée de l'instruction de l'affaire ou la juridiction de jugement ont la faculté de proposer au mineur une mesure ou une activité d'aide ou de réparation à l'égard de la victime ou dans l'intérêt de la collectivité. »

portrait que dressent chaque jour les médias de ces jeunes désœuvrés qui commettent trafics et délits en toute impunité, narguant police et justice qui ne veulent ou ne peuvent les sanctionner.

Une mesure nouvelle

Appliquées de plus en plus fréquemment depuis quelques années, les mesures de réparation pénale répondent à plusieurs objectifs. Il s'agit, tout d'abord, de lutter contre la récidive des mineurs en recherchant des alternatives à l'incarcération, dont les effets sont aussi désastreux que l'absence de sanction. Elles visent également à mieux prendre en compte les droits des victimes, qui se sentent de plus en plus ignorées ou méprisées du fait de la lenteur des procédures judiciaires. Elles contribuent enfin à montrer qu'un travail éducatif peut se construire en responsabilisant les jeunes délinquants.
La circulaire de 1993 soulignait déjà la triple dimension de la mesure de réparation :
« [...] – vis-à-vis des mineurs auteurs des faits, pour qui cette mesure, tout en étant une réponse pénale, revêt un caractère éducatif certain. Elle permet, en effet, de leur faire mieux comprendre la portée de leur acte, et s'appuie sur leur propre capacité à réparer le tort causé à la victime ;
« – vis-à-vis des victimes qui trouvent ainsi une réponse rapide et adaptée aux dommages subis ;
« – vis-à-vis de l'environnement qui peut être associé à la mise en œuvre de cette mesure, ce qui peut contribuer à modifier sa perception de la délinquance des mineurs[1]. »

1 Circulaire du garde des Sceaux, 11 mars 1993 : mise en œuvre à l'égard des mineurs de la mesure de réparation pénale (article 12-1 de l'ordonnance n° 45-174 du 2 février 1945).

On remarque d'emblée que les objectifs visés par la mesure de réparation concernent en premier le mineur ; viennent ensuite la victime, puis l'environnement. En effet, l'apaisement social et la réconciliation des victimes avec la justice, pour importants qu'ils soient, ne sont compatibles avec les objectifs éducatifs que la loi française considère comme essentiels que s'ils sont accompagnés d'un travail sur le mineur, pour le mineur et avec lui.

Réparation directe ou indirecte

La mesure de réparation peut porter sur le préjudice moral ou sur le préjudice matériel subis par la victime d'un délit. Il peut s'agir, par exemple, de la remise en état d'un mur tagué, de la réparation d'une porte endommagée, du remboursement de la franchise après indemnisation de l'assurance, de la rencontre de la victime dans le bureau du juge en vue d'explications et d'excuses, ou de la rédaction d'une lettre exprimant le regret. La victime peut être une personne morale mais aussi un service public. Par exemple, la dégradation d'un bâtiment communal peut entraîner une mesure de réparation au sein des services municipaux[1].
La mesure de réparation indirecte est réalisée au profit d'un tiers, soit que la victime n'ait pas souhaité rencontrer le jeune mis en cause, soit que l'éducateur et le magistrat aient préféré cette solution plus proche des besoins du mineur. Seront concernées des associations sociales, sanitaires, caritatives ou humanitaires : Croix-Rouge, Samu, Prévention routière, pompiers, etc. La dégradation d'un bâtiment communal peut entraîner, comme toute dégra-

1 Frédéric Manceau, « Note de situation concernant le TIG et les mesures de réparation pour mineurs », Contrat de ville, Évry, 1997.

dation chez un particulier, une mesure de réparation au profit d'une association caritative.
L'originalité profonde de la mesure de réparation réside justement en ce qu'elle permet — surtout avec les mesures de réparation indirecte — une réelle éducation à la responsabilité pour le jeune délinquant, dans un contexte d'autant plus socialisant qu'il met à contribution ses parents et de nombreux partenaires dans la société civile.
Pour le mineur délinquant, adolescent en crise ou jeune à la dérive, la mesure de réparation, tout en rappelant la loi, lui fait prendre conscience des conséquences que ses actes peuvent avoir dans la vie d'autrui. Pour peu qu'elle prenne le temps d'un réel accompagnement éducatif, la réparation peut l'aider à accéder à la maturité et lui ouvrir les portes d'une vie sociale.

La réparation : un certain rapport à la loi

La rencontre avec la justice à l'occasion d'un délit fait entrer l'adolescent dans le monde de la loi. Pour certains, ce monde des lois et des droits est inconnu ; ils ne connaissent que la loi de la jungle, celle de la rue, la loi du plus fort ou celle du plus malin. Pour d'autres, le monde de la justice et de la police est vécu comme celui de la vengeance ou de la violence, de la rétorsion.
Pour tous, il importera donc que soient nommées la loi et l'infraction, énoncée la sanction comme étant une réponse à l'acte de transgression. Ni vengeance, ni menace, ni intimidation, la sanction vient répondre à un acte précis, comme la loi l'a prévu.
Le juge et la justice doivent donc veiller à ce que soient respectés les libertés fondamentales et les droits de chacun. Si ce n'était pas le cas, les mesures de réparation risqueraient d'alimenter — chez les mineurs mais aussi dans l'ensemble

de la société — l'arbitraire et le non-sens, l'affectif et le passionnel, la bonne volonté et les bons sentiments, voire les représailles et le talion. On ne décollerait pas des notions de peine et de rachat, d'amendement, de faute, d'expiation.

Or la réparation s'inscrit dans une toute autre logique, celle de la responsabilité, de la capacité de chacun à répondre de ses actes. C'est une demande que la société, via la justice, le juge et l'éducateur, fait au mineur. Avec la mesure de réparation, lui est offerte la possibilité de prendre place dans le système symbolique des proscriptions et des prescriptions, d'y prendre une place active. Il est reconnu responsable de ses actes et capable d'en répondre.

La réparation : un certain rapport à l'acte

C'est cette reconnaissance qui lui permettra éventuellement de se réparer en réparant. Pour ce faire, l'éducateur doit notamment chercher à travailler avec les parents.

Dans la réparation, il ne s'agit pas d'effacer l'acte transgressif ou agressif, mais de le reconnaître. Pour le jeune, il s'agira de se reconnaître acteur d'un des éléments négatifs et illégaux de sa vie (acteur = je l'ai fait) puis de s'en reconnaître l'auteur (auteur = j'en réponds), en s'engageant dans d'autres actes positifs, créateurs, utiles.

Ainsi, la proposition de réparation qui lui est faite le met devant ses responsabilités sans l'écraser sous le poids de l'infamie. Grâce à l'acte positif, dont l'adolescent peut être fier, qui lui donne toute sa place et tous ses droits, lui et sa famille peuvent relever la tête. Ainsi peut s'engager le processus psychique de la réparation, celui qui permet de se réparer, c'est-à-dire de pactiser avec soi-même, de s'accepter.

L'enjeu est de taille, lorsqu'on sait combien le sentiment de culpabilité et la honte peuvent pousser à la répétition. Se reconnaître capable de répondre de ses actes, capable d'en répondre positivement, peut ouvrir un espace de parole dans une famille que l'humiliation renferme sur elle-même. La mesure de réparation peut permettre au mineur et à sa famille de retrouver la dignité et l'estime dans un quartier.

La réparation : un certain rapport à autrui

Mesure éducative, la réparation amène les jeunes mis en cause à reconnaître ce qu'ils ont fait subir à autrui. Pour en répondre, elle leur demande un geste, une action, un acte positif au profit des autres. Il ne s'agit pas simplement de rembourser ou d'indemniser la victime mais de proposer à l'auteur une véritable démarche citoyenne de réconciliation avec la société.

Autrement dit, la démarche de réparation ne consiste pas à apaiser l'autre pour avoir la paix, à le manipuler ou à obtenir quelque chose de lui, mais bien à reconnaître sa place, sa parole et ses droits.

Dans la plupart des cas, ce chemin ne peut se faire sans un accompagnement éducatif. Il ne suffit pas de « faire réparer » le mineur pour que s'élabore le processus de réparation qui lui fera découvrir l'altérité. Il lui faudra peut-être trouver en lui-même l'écho de la souffrance infligée à l'autre, sans être anéanti par la honte ou le remords, sans que ne se réveillent trop ses culpabilités inconscientes. N'oublions pas que sa capacité d'empathie est issue de ses propres blessures infantiles, lorsqu'elles n'ont pas trop été déniées.

C'est que la réparation n'est pas seulement une notion juridique civile et pénale, c'est aussi un concept psychanalytique, né des travaux de Melanie Klein, qui présente un des processus inconscients des plus féconds.
La réparation, c'est le mécanisme de transformation et de dépassement de l'angoisse, de la peur et de la violence. Ce puissant courant psychique permet de vivre l'angoisse, c'est-à-dire de l'éprouver sans la nier et sans être envahi par elle. La réparation, c'est de la violence recyclée. La création et la réparation trouvent leurs racines dans le même fonds de violence humaine et leur épanouissement dans les mêmes réalisations : don, rêve, échange. Autrement dit, la réparation psychique qui permet de transformer la peur et la violence ne peut être réduite à une mécanique conciliatrice qui viendrait apaiser vengeances et représailles.
Par contre, la réparation, même éducative et judiciaire, si elle s'engage sur les chemins de la créativité, si elle passe par l'espace transitionnel, peut dégager suffisamment d'espace psychique pour permettre un véritable apaisement personnel. Elle a le pouvoir singulier de transcender la violence interne et de calmer la souffrance causée par les injustices et les cruautés de la vie. Quand on a pu faire réparation à quelqu'un, il semblerait qu'on supporte mieux d'être soi-même. Coupable peut-être, responsable sûrement, victime aussi, capable du pire parfois mais aussi du meilleur, imparfait mais lucide, conscient de ses faiblesses et de ses responsabilités, celui qui répare paraît mieux tenir le coup.

*

Ce livre provient en grande partie de rencontres avec des professionnels. Sur le lieu de leur pratique et sur les lieux de leur formation, là où ils viennent réfléchir ensemble et se ressourcer, ils m'ont donné la profusion d'histoires de réparation qui émaille cet ouvrage : études de cas, synthèses, récits, rapports, comptes rendus, mais également échanges verbaux, anecdotes, souvenirs.

Il me faut remercier ici tout particulièrement Bernard Bobillot, du SEAT de Bobigny, qui m'a ouvert ses dossiers et m'a aidée dans l'approche pénale de la mesure. Je tiens à remercier également Alain Lerussi et Nicole Versi, de l'ARS à Marseille, Anne-Marie Voltzenlugel et Jacqueline Chichignand, de la Sauvegarde de Chambéry, Sonia Daniel, du SEAT de Rouen, Jean-Paul Leblanc, Jacques Piquet et toute l'équipe de l'OAD de Pau : ils m'ont enrichie de leur compétence, prenant à cœur ma recherche et la rédaction de cet ouvrage.

Mon travail s'est nourri également des documents mis à ma disposition par Denis Feuillard, de la PJJ des Hauts-de-Seine, par René Marty, de la PJJ du Val-d'Oise, qui m'a fait connaître Joëlle Bordet et ses études de cas, par Christian Olivier et Frédéric Manceau, de la mairie d'Évry, et par Marc Genay, du Prado de Bordeaux.

Si ce travail a pu voir le jour sous la forme présente, je le dois à la patience de Pierre Guislain.

Chapitre 1
La réparation : une réponse à la délinquance des jeunes

« Cet après-midi, vers 16 heures, je me dirigeais vers mon domicile quand je me suis fait surprendre par un individu alors que j'avais mon sac à main dans la main droite tenu par les anses. J'ai senti mon sac tiré par-derrière doucement, alors j'ai eu peur et je l'ai lâché. Me retournant, j'ai vu un jeune garçon qui partait à toutes jambes. Dans le même temps, j'ai vu un autre garçon sur le trottoir d'en face. Le voleur vidait mon sac tout en courant, jusqu'à le lâcher complètement. Je l'ai vu disparaître au coin de la rue. Un homme sortit de chez lui et me dit avoir appelé la police. J'ai fait l'inventaire de mon sac, il ne manque rien. Je porte plainte pour vol à l'arraché. » *D'après un rapport du ministère de l'Intérieur et de la Sécurité publique. Extraits du procès-verbal.*

« J'ai rencontré des copains en sortant de chez moi. On a marché et on savait pas quoi faire, alors on s'est dit : "On va faire un sac." On a vu une femme qui marchait, tenant un sac à main et on s'est mis d'accord pour taper son sac. Christian[1] surveillait les environs, pendant que je suivais la personne. J'ai tiré d'un coup sec et son sac est venu tout de suite. J'ai fait alors demi-tour en courant et je

1 Pour des raisons évidentes de protection de l'anonymat des mineurs concernés, tous les prénoms cités dans ce livre ont été transformés.

me suis mis à fouiller le sac en commençant par les porte-monnaie, puis j'ai jeté le sac par terre... » *D'après un rapport du ministère de l'Intérieur et de la Sécurité publique. Extraits du procès-verbal.*
Motif du déférement ou de la présentation : vol avec violence en réunion. « Blaise reconnaît les faits et leur gravité. Il pleure beaucoup ; semble sincère et honteux de cet acte. Il dit avoir entraîné le jeune Christian qui ne voulait pas se joindre à lui. Il fait état de bonnes relations familiales mais dit manquer de la présence de son père. La scolarité semble problématique, absentéisme répété. L'entretien a mis en évidence une réelle prise de conscience de la gravité des faits et de la nécessité de réparer. Cela devrait pouvoir se concrétiser par la mise en œuvre de l'article 12-1 de l'ordonnance de 1945 avec accord préalable de la victime. » *D'après un rapport du tribunal pour enfants. Extraits du rapport du service éducatif.*
« Madame, suite à votre plainte à l'encontre du jeune Blaise, celui-ci a été présenté au juge des enfants ce jour. Il a été mis en examen pour les faits qui lui sont reprochés. Il a été reçu par notre service qui a proposé à son égard l'application de l'article 12-1 de l'ordonnance de 1945 relative à l'enfance délinquante, c'est-à-dire une mesure de réparation. Cette mesure, même si elle est souhaitée par le mineur mis en examen, ne peut s'effectuer qu'avec votre accord. Elle porte sur la capacité du jeune à solliciter le pardon pour le préjudice humain consécutif à ses agissements. Elle ne vous empêche nullement de vous constituer partie civile devant le Tribunal, et de réclamer aux responsables civils de cet enfant des dommages et intérêts. » *D'après un rapport du tribunal pour enfants. Service éducatif. Lettre adressée à la victime.*
« Madame, je vous remercie de votre courrier et je comprends bien qu'une lettre d'excuses du jeune Blaise ne vous semble pas suffisante, en réparation du choc que vous avez subi. » *D'après un rapport du service éducatif. Lettre adressée à la victime.*
« Réparation indirecte réalisée à la maison de quartier sous le pilotage de M. Y, adjoint au maire, en décembre. Deux journées de travail sur un concert : déchargement et chargement du camion

Blaise a pu assister au concert. » *D'après un rapport du tribunal pour enfants, Cabinet du juge pour enfants.*

Face à la montée de l'angoisse provoquée par le développement de la délinquance urbaine, la démarche de réparation pénale rencontre des objectifs dont l'urgence est unanimement soulignée : il s'agit de lutter contre la récidive des mineurs en agissant dès la première infraction, de donner aux victimes le sentiment que la justice se soucie de leur sort, tout en démontrant qu'il existe des voies éducatives, judiciaires et pénales capables de prendre en compte la réalité d'une délinquance juvénile de plus en plus violente et précoce.

Le Conseil de sécurité intérieure a énoncé en juin 1998 un certain nombre de principes visant à ne laisser aucun délit sans réponse : « Sur instructions des procureurs, les mineurs feront, dès la première infraction, l'objet d'un avertissement, en présence de leurs parents, par les services de police et de gendarmerie ; ils seront convoqués devant le procureur ou son délégué avec leurs parents. (...) ; la réparation est la première sanction qui doit être appliquée aux mineurs[1]. »

C'est ce qui est arrivé au jeune Kamel, pris en flagrant délit par la police alors qu'il graphitait le mur d'un immeuble. Kamel est âgé de seize ans et demi ; il vit seul avec ses parents car les trois aînés sont majeurs et ont quitté le domicile. Le gamin échappe totalement à l'autorité de son père. Sa mère le couve, craignant son départ de la maison plus que tout. Les parents sont sans histoire et les aînés ont fait une bonne scolarité. Hier, Kamel aurait été renvoyé

1 Conseil de sécurité intérieure, Délinquance des mineurs, Relevé de décisions, 8 juin 1998.

chez lui sans suite judiciaire. Aujourd'hui, le commissariat a transmis l'affaire au parquet, qui a convoqué aussitôt le jeune et ses parents et proposé une mesure de réparation : nettoyage du mur ; une transaction est en cours avec le propriétaire.
Pour Kamel et pour d'autres, la mesure de réparation s'inscrit dans un projet global de socialisation et de responsabilisation.

Lutter contre la délinquance juvénile

Afin que les jeunes comprennent le sens de la loi, il faut que la justice intervienne rapidement après l'infraction. C'est la raison pour laquelle les parquets ont, les premiers, investi cette mesure qui apporte une réponse en « temps réel » aux infractions commises par les mineurs. Les premiers bilans chiffrés des mesures de réparation pénale depuis 1993 (date de promulgation de la loi) font apparaître que la très grande majorité de ces mesures est ordonnée directement par les parquets, avant que le mineur ne soit entendu par le juge.
Le « traitement direct » de la délinquance aboutit dans certains établissements scolaires, au fait que la justice devient un recours presque quotidien pour régler des problèmes jusqu'ici traités (ou ignorés) à l'intérieur de l'établissement. Le passage direct, pour une agression verbale, du bureau du proviseur au parquet du tribunal des mineurs n'est pas exceptionnel.
« À Bobigny, 1 350 faits survenus dans les établissements scolaires durant l'année 1994-1995 ont donné lieu à signalement, ce qui représente une progression de plus de 70 % par rapport aux données de 1993 », signalait le syndicat de la magistrature, constatant dans le même temps une augmentation des déférements (présentation du mi-

neur à un magistrat du parquet à l'issue de sa garde à vue) de plus de 40 % en deux ans, ceux-ci aboutissant dans la quasi-totalité des cas à des poursuites pénales[1].
Un grand nombre de ces procédures débouchera sur une convocation au parquet où sera fait un rappel de la loi ou, depuis 1993, un classement sous condition de réparation. Très souvent, celle-ci prendra la forme de lettres d'excuses rédigées sous la houlette d'un délégué du parquet ou d'un éducateur, et adressées à l'enseignant injurié ou bousculé. On pressent les dérives possibles. Pour ne laisser aucun méfait sans réponse, la justice intervient très vite après l'infraction. Encore faut-il que l'incartade soit une infraction pénale. Le recours systématique à la justice pour des faits disciplinaires ne peut être, à long terme, un moyen de régulation de l'insécurité scolaire.

Comprendre les jeunes délinquants

Les raisons pour lesquelles les mesures de réparation pénale proposées aux mineurs ont pu provoquer récemment un certain engouement au niveau des parquets sont les mêmes que celles qui expliquent la position plus réservée des juges pour enfants et des éducateurs. Le risque n'est-il pas grand, avec cette mesure, de privilégier le court terme, la procédure rapide, « en temps réel », au détriment du long terme de l'action éducative et de fragiliser ainsi le travail long et incertain, invisible et nécessaire, que mènent les juges pour enfants et les éducateurs ?
Il y a quelques années, lors d'une étude réalisée pour la direction de l'Éducation surveillée[2], j'avais cherché à mesu-

1 Syndicat de la magistrature, «Les dérives d'un parquet omniscient », in *Journal du droit des jeunes*, juin 1997.
2 Maryse Vaillant, «La réparation dans la profession éducative » in Maryse Vaillant (dir.), *De la dette au don, la réparation pénale à l'égard des mineurs*, ESF Éditeurs, 1994.

rer l'intérêt que la profession éducative portait au principe de la réparation. Il s'agissait, avant que la loi n'en offre la possibilité sous forme de dispositions spécifiques, d'estimer si les équipes éducatives semblaient prêtes à mettre en place des démarches de réparation à l'égard des victimes. La peine de travail d'intérêt général, le TIG[1], venait d'être votée et était applicable aux mineurs ; les premières propositions de la commission de réforme de l'ordonnance de 1945 préconisaient des réparations des dommages causés aux victimes.

À cette époque, l'intérêt des éducateurs et des professionnels de l'éducation spécialisée pour la réparation pénale était mince, ou quasiment nul. La plupart d'entre eux évoquaient bien la nécessité de demander aux jeunes de réparer les dégâts qu'ils causaient à l'intérieur des foyers, mais ils soulignaient surtout l'urgence de *réparer*, au sens de restaurer, les mineurs confiés aux institutions.

Du fait des dispositions légales alors en vigueur, nombre des éducateurs interrogés lors de cette étude ignoraient la réalité des délits commis par les jeunes qu'ils prenaient en charge. Pour eux, l'éducatif s'opposait au répressif. Il leur semblait important de séparer nettement leur mission éducative des logiques judiciaire et pénale.

Délits, délinquants, victimes

Pour comprendre leurs réticences, il suffit d'ouvrir un dossier judiciaire concernant un mineur. Face à l'accumulation des malchances, des carences, des sévices que celui-ci a subis, dans sa vie personnelle et dans son histoire familiale, voire dans son parcours institutionnel, ses méfaits

1 Le travail d'intérêt général, depuis le 10 juin 1983, est une peine de substitution à l'incarcération.

semblent de peu de poids. À l'époque, l'attention portée aux préjudices subis l'emportait sur celle accordée aux préjudices causés.

Cette comptabilité peut sembler curieuse, mais pour avoir partagé ce sentiment de révolte face à l'injustice sociale, aux inégalités culturelles et à l'arbitraire institutionnel, je peux témoigner qu'il n'est pas difficile de prendre le parti de ces gamins abîmés par la vie plutôt que de les condamner. De là à considérer ces mineurs délinquants comme des victimes à aider, à restaurer, à réparer, il n'y avait qu'un pas que beaucoup de travailleurs sociaux et d'éducateurs franchissaient.

La mission éducative était alors rarement pensée dans un rapport à la loi, surtout à la loi pénale. La question de la responsabilité des mineurs n'occupait pas les esprits comme aujourd'hui. Les délits étaient appelés des *bêtises*... Que dire alors de la place des victimes ? Il n'en était pas tenu compte. Les éducateurs laissaient à la justice le soin de recueillir leur plainte, d'estimer les préjudices subis et leur réparation.

La réparation du mineur excluait celle de la victime

Cette position est liée au contexte et à l'histoire de l'Éducation surveillée, devenue Protection judiciaire de la jeunesse, au passé carcéral des colonies pénitentiaires et autres maisons de corrections, aux souvenirs douloureux des méthodes coercitives et à leurs tristes résultats[1]. D'une façon générale, les éducateurs se méfient des solutions répressives, génératrices de conformisme ; ceux d'alors crai-

1 Voir Maryse Vaillant, «Les anges gardiens, Autorité, compétence et légitimité dans l'éducation spécialisée », in *Migrants formation*, 1998.

gnaient les effets stigmatisants des mesures pénales, quelle qu'en soit la nature.
Mais il y a une autre explication à ce point de vue : la relation éducative, très individualisée, amène facilement l'éducateur à s'identifier à l'adolescent. Cette identification, sans laquelle aucun travail ne pourrait se construire, est forte d'émotions, implique beaucoup d'intuition, de partage, de compréhension. C'est pourquoi elle se doit toujours d'être fortement étayée par une réflexion sur la dimension institutionnelle du projet concernant le mineur. Les objectifs de l'époque précédente mettaient l'accent sur l'action éducative individualisée, centrée sur le mineur, sans souci des politiques publiques, sans privilégier les échanges avec les familles ni tenir compte des préjudices des victimes.

Des motivations réparatrices

Dans une étude menée il y a une vingtaine d'années par l'Éducation surveillée sur les candidats au métier d'éducateur, il était apparu que les postulants avaient du jeune délinquant l'image inconsciente d'un adolescent en révolte, mal aimé, mal aidé[1]. L'étude révélait notamment les fortes tendances réparatrices des futurs éducateurs : leur désir de réparation allait vers cet adolescent imaginaire dans lequel ils retrouvaient quelque chose de leur propre adolescence, de leur malaise et de leur révolte.
Le paradoxe est que ce désir de réparer l'adolescent ait pu faire, si longtemps, obstacle aux démarches, éducatives et pénales, de réparation par le mineur lui-même des torts qu'il peut causer à d'autres.

1 Voir M.-T. Mazerol, J. Villier, « Le métier d'éducateur, un métier symptôme », in *Annales de Vaucresson*, 1972.

Ces dernières années, le regard de la société sur la délinquance a profondément changé. Les pratiques éducatives mises en œuvre dans le cadre judiciaire ont évolué. Toutefois, ce n'est qu'en réalisant combien l'acte délictueux cache de souffrance chez celui qui le commet qu'on peut comprendre le point de vue des éducateurs pour qui la seule réparation, urgente et nécessaire, est celle qui concerne le jeune lui-même.

Derrière l'acte, la souffrance

Je me souviens, par exemple, de Sarah, douze ans. Elle faisait partie d'un groupe de jeunes issus d'une cité qui a fort mauvaise réputation. Elle avait souvent participé à des dégradations dans le quartier et commis seule plusieurs actes de vandalisme dans son collège. Un jour, vociférant des injures, elle avait découpé au cutter les cahiers, les livres et tout ce qu'elle trouvait dans la salle de classe ; puis elle avait mis le feu aux papiers dont elle avait rempli une corbeille et lancé le tout par la fenêtre. Elle s'était ensuite enfermée dans les toilettes des professeurs avant de s'ouvrir les veines. Transportée à l'hôpital, elle raconta que ce matin-là, sa mère lui avait dit de ne plus rentrer à la maison après la classe, de se débrouiller pour se trouver un autre toit, d'aller dormir chez son père, par exemple. Celui-ci n'avait jamais payé de pension alimentaire après son divorce et la mère, se retrouvant au chômage, avait décidé de partir en laissant sa fille. Ce n'était pas la première fois qu'elle essayait d'abandonner Sarah pour tenter sa chance dans la vie.
Ayant eu sa fille à seize ans, elle avait accouché à l'hôpital sans que ses parents n'aient même deviné sa grossesse. Aussitôt après la naissance de sa fille, prématurée de huit mois, elle avait quitté la maternité en laissant le bébé, sans pré-

venir personne. Elle était revenue quinze jours plus tard pour réclamer son enfant. Puis Sarah avait été prise en charge successivement par deux familles d'accueil et avait fait deux séjours au foyer de l'enfance. Sa mère s'était ensuite mariée avec un homme beaucoup plus âgé qu'elle, qui reconnut sa fille, et dont elle divorça rapidement.
Au juge, la mère de Sarah affirma que sa fille dramatisait toujours tout et qu'elle avait pris au sérieux une boutade. Jamais elle n'avait réellement décidé de partir ce jour-là ! Mais, c'est vrai qu'elle y pensait sérieusement...
Face à un cas comme celui de Sarah, on peut insister sur la violence des actes commis et sur leurs conséquences. Autrefois, on se serait ému de la triste histoire de Sarah sans lui demander des comptes pour ses actes. On peut aujourd'hui lui proposer une mesure de réparation, reconnaître sa souffrance sans occulter les violences qu'elle a commises.

Les retours de bâton

Il faut bien le reconnaître, les travailleurs sociaux, les équipes éducatives n'ont pas toujours le même point de vue sur la délinquance des jeunes que les politiques, les médias, les victimes, et la plupart des citoyens. Ils ont tendance à mettre en avant les mécanismes d'exclusion, de désocialisation, les multiples détresses qui mènent à la délinquance et à la récidive. Faute de pouvoir influer sur les enjeux économiques et sur les rapports de forces politico-électoraux, impuissants à maîtriser les désastres provoqués par les mutations sociales, ils travaillent dans l'ombre, quotidiennement, pour prendre en charge, accompagner, insérer, éduquer des jeunes abîmés par la vie. Leur travail est invisible, il n'est connu que par ses échecs.
Quelques mineurs récidivistes peuvent mettre en alarme

tout un quartier et donner l'impression que la police et la justice ne font rien pour empêcher les jeunes de nuire ! Ainsi une forme sourde de mécontentement gronde dans certaines cités où chacun déplore le laxisme d'une justice qui laisse se développer la violence et les économies de subsistance.
Tout se passe comme si la question de la délinquance des jeunes devait se réduire à une alternative où chacun trouve son compte et son camp dans l'opposition classique répression-laxisme. Opposition qui tient peu compte de la réalité, et qui confond répression et sanction, deux notions proches mais fort différentes, comme nous invite à le comprendre la mesure de réparation.

Entre laxisme et répression : la sanction

La mesure de réparation est à la fois une sanction pénale et une mesure éducative. Elle concilie les exigences de clémence et de compréhension face aux préjudices et carences subis par les jeunes, la nécessité de prendre en charge leur éducation et leur socialisation, et celle de sanctionner les comportements violents et les délits.
Une telle mesure était devenue urgente. La réputation de laxisme des éducateurs et de clémence excessive du tribunal pour enfants reposait sur la difficulté de mettre en œuvre des sanctions pénales éducatives et non répressives. Or aucune éducation n'est possible sans sanction. La clémence systématique n'est pas une meilleure solution que la répression aveugle.
Outre qu'elle n'aide pas les jeunes à se responsabiliser, la clémence peut avoir de bien fâcheuses conséquences : ils sont souvent plus fortement pénalisés, dès leur majorité, par le tribunal correctionnel. Les sursis accumulés pendant les années de minorité légale tombent alors et des jeunes de

dix-huit ans, adultes au regard de la loi, mais à peine sortis de l'enfance, se retrouvent en prison parfaire leur apprentissage de la délinquance et de la haine.
La réparation propose une autre voie. Mais pour qu'on lui donne une chance de faire ses preuves, il est indispensable qu'elle ne soit pas vidée d'emblée de son originalité, notamment en étant confondue avec des procédures déjà existantes : indemnisation des victimes, démarche de médiation pénale, peine de travail d'intérêt général.

Faire réparer le mineur et non indemniser la victime

« La mise en œuvre de la réparation ne fait pas obstacle à une éventuelle action en recouvrement de dommages civils intentée par la victime », rappelle une circulaire du garde des Sceaux de mars 1993. En effet, et c'est là un point essentiel, la mesure de réparation n'a pas pour objectif premier et unique l'indemnisation du dommage causé à la victime. Cette indemnisation relève de dispositions prévues par le Code civil. La mesure de réparation, qui est, rappelons-le, une sanction, relève, elle, du Code pénal.
La prise en compte des préjudices causés à la victime n'est pas, ici, séparable de l'objectif d'éducation du mineur, de sa responsabilisation, de sa socialisation. Bien plus, la mesure de réparation ne peut avoir de sens que si la question de l'indemnisation du préjudice (procédure civile) est réglée, ou en voie de l'être. Sinon, la recherche d'un accord avec la victime risque fort de se limiter à une demande d'indemnisation. N'oublions pas, d'ailleurs, que comme la responsabilité civile des parents est engagée par les actes, même volontaires, que commettent leurs enfants mineurs, les compagnies d'assurances entrent en action. Ainsi, les victimes sont-elles le plus souvent indemnisées par l'assurance responsabilité civile des parents du mineur, ou

par celle de l'institution, ou par l'État lorsque le jeune fait l'objet d'une mesure de placement[1].

Allant bien au-delà d'une simple procédure d'indemnisation, la mesure de réparation vient s'inscrire dans une pédagogie de la responsabilité, vis-à-vis du jeune mis en cause mais aussi de ses parents. Ceux-ci étant non seulement reconnus comme civilement responsables de leurs enfants mais aussi comme leurs garants éducatifs, ils sont invités à participer à la recherche d'une modalité de réparation. Partie prenante d'une réflexion et d'une concertation sur la mesure, ils ne seront pas cependant les acteurs principaux de l'action qui va en résulter : celui qui devra réparer, c'est l'auteur de l'infraction, l'enfant ou l'adolescent lui-même.

La mesure de réparation n'est donc pas une simple démarche d'indemnisation. Elle ne peut pas non plus être réduite à une procédure de médiation.

Réparation ou conciliation ?

Ali, seize ans, a agressé et injurié un voisin. À l'éducateur, il déclare que celui-ci tenait des propos racistes visant son père et sa mère qu'il n'a pas supportés. Bien que convoqués par le juge, ses parents ne se sont pas déplacés, par crainte, d'après Ali, des autorités judiciaires. Pourtant, assure-t-il « ils sont en règle pour leurs papiers ». Lui est né en France, mais ses parents y sont arrivés déjà âgés.

Reconnaissant les faits, Ali accepte de rencontrer la victime et de s'expliquer avec lui devant le juge. À l'occasion de cette rencontre les parents, visiblement peu rassurés,

1 Voir Robert Bidart, «De la médiation pour les majeurs à la réparation pour les mineurs », in Robert Cario (dir.) *La médiation pénale, entre répression et réparation*, L'Harmattan, 1998.

viennent au tribunal. Le père déclare déplorer l'acte de violence. Il n'a plus sur son fils l'autorité qu'il voudrait avoir. Les fréquentations du jeune homme lui causent beaucoup de soucis. Il traîne tard dans la cité, souvent en groupe, avec des jeunes bruyants et tapageurs, qui boivent de l'alcool, bousculent les vieilles dames et « n'ont plus aucun respect pour personne ».

Le père d'Ali dit au juge sa honte de voir son fils traduit devant un tribunal. Ali ne répond rien ; devant son père, il garde la tête baissée. La victime accepte les excuses du jeune homme.

À sa sortie du tribunal, Ali exprime sa satisfaction d'avoir pu présenter des excuses sans perdre la face et sans laisser traîner une affaire qui aurait pu dégénérer. Il a pu le faire grâce à la présence du juge qui a expliqué qu'il réprouvait les propos racistes autant que les violences. Le jeune homme est soulagé d'avoir pu stopper une possible escalade de la violence avec son voisin. Surtout, il est fier d'avoir montré à son père qu'il était capable de défendre l'honneur de la famille, mais aussi d'assumer ses erreurs en les reconnaissant devant un juge.

Dans un cas comme celui d'Ali, il s'agit plus d'une démarche de conciliation que d'une mesure de réparation proprement dite. Réparation, conciliation, médiation ? Aujourd'hui encore, des confusions subsistent entre ces notions.

De la médiation à la réparation

À l'image de l'ancienne justice de paix, la justice moderne se veut plus proche des citoyens, en particulier des victimes. C'est dans cet esprit qu'ont été conçues les procédures de médiation pénale prévues par la loi du 4 janvier 1993, déjà largement pratiquées depuis 1983 et souvent appelées « conciliation pénale ». S'inscrivant dans une logique d'aide aux victimes, la médiation pénale « permet à la fois la réparation des préjudices, la responsabilisation et la réinsertion de l'auteur de l'acte, tout en contribuant à la reconstitution du lien social »[1]. Sont notamment recherchées la négociation et la régulation amiablc dcs conflits grâce à l'intervention d'un tiers.

Ces dispositions auraient très bien pu s'appliquer aux mineurs. Or le législateur a établi pour eux une mesure spécifique, distinguant médiation et réparation[2]. La différence est fondamentale : la médiation pénale est avant tout une démarche de régulation sociale, visant à régler des situations dans lesquelles sont impliqués des adultes ; la réparation pénale doit privilégier pour sa part l'objectif d'éducation du mineur, conformément aux priorités définies par l'ordonnance de 1945 sur le traitement de la délinquance des mineurs.

Oublier cette différence et réduire la mesure de réparation, comme c'est parfois le cas, à une tâche de médiation confiée à un éducateur, c'est mettre en cause un élément essentiel de notre législation.

La réparation, une peine déguisée ?

Si certaines mesures de réparation directement réalisées au profit de la victime peuvent être confondues, c'est ce qu'on leur reproche, avec une forme d'indemnisation des victimes ou de médiation pénale, d'autres mesures où le jeune accomplit un service au profit de la collectivité (en travaillant, par exemple, pour une association, un service municipal, les pompiers...) peuvent être trop rapide-

1 Robert Cario, « Potentialités et ambiguïtés de la médiation pénale », in Robert Cario, *op. cit.*

2 Voir Robert Bidart, « De la médiation pour les majeurs à la réparation pour les mineurs », in Robert Carlo, *op. cit.*

ment assimilées à une peine de travail d'intérêt général (TIG).
Le TIG est une peine. C'est une condamnation, une mesure répressive et non pas une mesure éducative. Résultat d'une décision de justice, du tribunal correctionnel ou du tribunal pour enfants, cette condamnation peut être infligée soit sous forme d'une peine de substitution à l'incarcération, soit comme complément d'une peine de prison avec sursis et mise à l'épreuve.
Contrairement aux mesures de réparation dont le cadre est souple et qui concernent des mineurs souvent primo-délinquants, les TIG concernent plutôt des jeunes délinquants récidivistes de seize à dix-huit ans, mineurs au moment des faits, souvent majeurs au moment du jugement. Le cadre du TIG est strict. Sa non-effectuation peut, comme toute non-effectuation d'une condamnation, avoir des conséquences pénales : une incarcération, par exemple. Il n'en est rien, en principe, pour la mesure de réparation.

Les droits constitutionnels

Pour certains professionnels de la justice, notamment des juges pour enfants, les mesures de réparation, pour avoir une réelle portée éducative, doivent être proposées après la mise en examen par un magistrat du siège et en présence d'un avocat. Ce n'est pas le cas des actions organisées par le parquet. Lorsqu'une mesure de réparation est proposée, comme c'est souvent le cas, directement par un procureur, la mise en examen n'a pas encore eu lieu ; aucun avocat n'est présent.
Pour certains juristes, ces pratiques de réparation en temps réel développées par les parquets pourraient poser un problème vis-à-vis d'un des principes fondamentaux des lois de la République : la nécessaire séparation de la responsa-

bilité des poursuites (qui incombe au procureur) et de celle du jugement (impartie au juge). N'étant ni juge ni juriste, nous ne pouvons prendre partie sur une question dont la complexité nous dépasse. Toutefois, on notera que si l'on reconnaît que le rappel de la loi est indispensable pour qu'un adolescent prenne conscience de ses actes, il est dès lors essentiel que cette loi soit respectée par ceux qui ont la responsabilité de la lui rappeler.

Si des nécessités politiques de paix sociale, aussi urgentes et légitimes soient-elles, amenaient la justice au non-respect de certains de ses principes, aucun travail éducatif et pénal ne pourrait prétendre aboutir à une responsabilisation des jeunes auteurs d'actes de violence et de délits.

Chapitre 2
L'apprentissage de la responsabilité

Basile et Clément se sont rendus au collège, à la tombée de la nuit, pour cambrioler l'atelier de menuiserie. Alors qu'ils forçaient la porte à l'aide d'un tournevis et d'un marteau, ils ont été surpris par le directeur de l'établissement. Arrêtés par la police, les deux garçons ont été mis en garde à vue et déférés le lendemain au tribunal pour enfants.

Convoqués au tribunal, la mère de Basile et le père de Clément ont été reçus par un éducateur à qui ils ont confiés tous deux avoir très peu d'autorité sur leurs fils. Les deux familles se connaissent, sont voisines. Les garçons vont dans la même école depuis qu'ils sont petits et passent beaucoup de leur temps ensemble.

Lors de l'entretien, il apparaît que Basile, quatorze ans, n'a plus de scolarité régulière. Il quitte souvent la maison et disparaît pendant plusieurs jours. Il recherche son père qui a quitté le domicile sans avertir et n'a pas donné signe de vie depuis. Sa mère, très dépressive, s'accroche à son fils qui lui échappe de plus en plus. L'adolescent dit ne pas attacher beaucoup d'importance à son amitié pour Clément, qu'il trouve trop violent. C'est par hasard qu'ils auraient décidé d'aller ensemble chercher des outils dans l'atelier de menuiserie du collège. Basile avait manqué les cours depuis deux jours. Sa mère n'en savait rien ; il a pris l'habitude d'intercepter les courriers de l'établissement scolaire.

Clément, quatorze ans également, est en conflit ouvert avec son père. Ils se battent parfois tous deux violemment. Il déclare à l'éducateur que Basile voulait se venger du professeur de menuiserie avec qui il ne s'entend pas et qu'il lui a donné un coup de main parce qu'il avait envie de s'amuser.
Au juge des enfants qui la reçoit en présence de l'avocat commis d'office, la mère de Basile minore les difficultés qu'elle rencontre avec son enfant mais demande un soutien éducatif. Le père de Clément demande le placement de son fils. Après les avoir tous entendus, le magistrat propose une mesure de réparation pénale et demande une mesure d'investigation afin de déterminer l'aide éducative qui peut être apportée à ces deux familles.
La question pénale se réglera ainsi : les mineurs mis en cause aideront un ouvrier à la remise en état de la porte endommagée et poursuivront par la réfection de l'atelier qui avait besoin d'être repeint. Encadrés par des professionnels, ils referont la peinture de l'ensemble du local, portes, fenêtres et murs. Le soin apporté à leur travail est apprécié par l'ensemble des élèves. Basile et Clément sont très fiers du résultat.
À l'issue des investigations demandées par le juge, la demande de placement du père de Clément n'est pas maintenue. Il a compris que le problème relationnel qui l'oppose à son fils tient tout autant à la personnalité et à l'âge de celui-ci qu'à son propre comportement solitaire et silencieux. Depuis la mort de sa femme, il s'isole et ne parle presque jamais à la maison. Il reconnaît que la réfection de l'atelier de menuiserie l'a surpris favorablement ; il ne pensait pas son fils capable d'un travail d'une telle finition. Lui-même est ouvrier du bâtiment, mais il n'avait jamais demandé à son fils de bricoler avec lui ; il voulait qu'il fasse des études.
La situation de Basile, après s'être dégradée, a fini par se stabiliser. Il a participé avec enthousiasme à la réfection de l'atelier mais son absentéisme scolaire s'est aggravé. Sa mère a mal vécu les examens psychologiques, ressentant comme une intrusion toute

question sur sa relation à son fils et sur la question de l'identité et de l'existence du père de celui-ci. Le juge a ordonné une mesure éducative.
Au fil des mois, l'action éducative a fini par apporter quelques fruits. La mère a compris l'aide que l'éducatrice pouvait lui apporter, elle a accepté d'aller rencontrer la psychologue avec qui elle a établi une bonne relation. Elle semble laisser plus d'espace à Basile et accepte qu'il parte en camp l'été, comme il en exprimait le désir.

Dans certains cas, la rencontre avec la justice inaugure un rapport à la loi qui n'a pu se faire dans la famille. Elle vient rappeler l'existence d'interdits qui n'ont pas été intégrés du fait de difficultés familiales, parfois anciennes.
L'adolescent, en commettant un délit et en se « faisant prendre », met en marche des mécanismes de régulation sociale qui déclenchent une action dans laquelle lui et sa famille sont impliqués. Il est souvent loin d'avoir conscience du dispositif juridique et social qui le concerne, de ses enjeux non seulement à son égard mais aussi pour l'ensemble de la société.
Paul est né aux Antilles. Son père a fait venir sa famille dans la cité où il vivait seul avec l'aîné de ses fils, depuis quelques années déjà. Lorsque Paul est arrivé en métropole, il ne connaissait pas son père ni son grand frère. Il est resté très attaché à sa grand-mère qui l'a élevé et qu'il a dû quitter. Il ne s'habitue pas à la vie ici, n'accepte pas les brimades dont il fait l'objet de la part de son frère qui se croit investi d'autorité à son égard. Instable, agité à l'école, il chahute et est exclu plusieurs fois dans l'année pour avoir insulté un enseignant.
Face à cette situation, le père l'a d'abord renvoyé aux Antilles chez la grand-mère, mais celle-ci meurt peu après.

Plus perturbé que jamais, Paul revient dans la cité où il commet une série de vols mineurs.
Lors de sa rencontre avec l'éducateur, il exprime son désarroi. Ses multiples incartades ont occasionné des interpellations, des gardes à vue, des heures d'attente, des passages au tribunal, des retours chez son père qui le rouait de coups. Puis son frère prenait le relai, l'injuriant, le traitant de parasite.
Paul évoque ensuite sa grand-mère et exprime le souhait de retourner chez elle. Lorsque l'éducateur lui rappelle qu'elle est décédée, il détourne le regard, gêné. Dans sa tête les choses s'emmêlent.
L'exemple de Paul, qui n'a rien d'original, nous montre combien un jeune peut être parfois plongé dans la confusion, au point de perdre toute notion d'interdit, de cadre et de limites. Là où certains transgressent délibérément la loi, lui l'ignore. C'est tout le travail de l'éducateur que de l'aider à retrouver ses marques dans un monde de limites et de sens.
Pour cela, le professionnel devra se demander si un rapport à l'interdit structure la famille et le psychisme du jeune, si des limites organisent son quotidien. Le cadre de l'entretien dans un bureau du palais de justice semble bien étroit pour une telle investigation. Pourtant, l'impact des sanctions et des autres réponses judiciaires repose sur la capacité de l'éducateur et du juge à répondre à cette question. Quel sens peuvent prendre interdits et interdictions pour certains jeunes visiblement privés des repères ordinaires de l'éducation familiale, scolaire, sociale ?

Rappeler la loi

Pour un adolescent, il importe que soit nommée la loi qui le concerne, celle qui s'applique à sa situation, à son âge et

aux actes qu'il a commis. Loi pénale, loi du Code. Contexte législatif et cadre procédural. Pourquoi est-ce nécessaire ? Pour que la justice ne prenne pas pour lui l'aspect d'une forme légale de talion, de vengeance sociale.
Rappeler l'antériorité de la loi par rapport à l'infraction — loi qui a prévu les délits et les peines, organisé répression et protection avant que ne soit commis l'acte qui lui est reproché —, peut faire diminuer l'aspect de rétorsion que prend parfois pour un jeune délinquant la sanction pénale. Cela peut l'aider à sortir de son monde imaginaire de vengeance et de persécution. De la même façon, il importe que lui soit expliquée la fonction humanisante des codes et des lois, la nécessité d'établir des règles, que soit mis en relation interdit, transgression, sanction, pour qu'il comprenne la place que vient prendre la mesure éducative dans le registre des lois pénales.
Le respect des libertés fondamentales et des droits individuels est ici essentiel. Si ce n'était le cas, la mesure éducative serait vécue comme une limitation abusive de la liberté tant revendiquée. La réparation pourrait être vue comme une proposition d'oubli, d'effacement de la faute, voire comme une protection contre la vengeance, une forme atténuée et officielle du talion.
Le juge joue là un rôle important puisque c'est lui qui dit la loi. Encore faut-il qu'il ne la fasse pas. Pour cela il est essentiel que le dispositif judiciaire fonctionne dans le respect de ses propres contraintes, tout écart, même procédural, ne pouvant qu'invalider pour le jeune la loi rappelée par le magistrat. De même, lorsque l'adolescent rencontre les professionnels qui ont pour tâche de le prendre en charge, il est important que lui soit reformulés les propos du juge qu'il a peut-être mal compris ou mal interprétés, que lui soit à nouveau expliquée la loi, que nul ne fait, à qui nul n'échappe.

La prise en charge éducative d'un mineur est faite d'échanges, de conversations et d'entretiens. Tout ne s'énonce pas formellement dans le discours, les choses se vivent, s'éprouvent, se partagent. En fait, ce que doit comprendre un adolescent, pour apprivoiser les règles du fonctionnement social, c'est que, comme le lui rappellent la loi pénale et le règlement des institutions, « tout n'est pas permis », à personne. Pas plus aux autres qu'à lui-même.

« Tout » n'est pas permis à ses parents qui sont soumis à des obligations comme en témoignent les lois de protection de l'enfance qui permettent à la justice d'intervenir en cas de défauts de protection, d'éducation et de soins à l'égard des enfants. Les parents ne sont pas tout-puissants et, si l'autorité parentale leur a été attribuée par la loi, c'est pour protéger et éduquer leurs enfants. Ce n'est pas un droit que donne la procréation aux parents, c'est une responsabilité, devant la société[1].

« Tout » n'est pas permis à l'éducateur, au psychologue et au professionnel engagé dans une équipe pluridisciplinaire qui doit respecter le cadre de sa mission et en rendre compte au magistrat qui, lui, a ordonné la mesure. « Tout » n'est pas permis au juge ou à l'avocat qui sont soumis à un cadre de procédure.

Pour un praticien de l'action éducative, travailler sur l'interdit et sa fonction régulatrice pour tous aide à situer son action auprès d'un jeune, à cerner et à délimiter la relation qu'il construit avec lui. Cet effort de clarification reste à faire et à refaire tout au long de la prise en charge.

Pour le jeune, la rencontre de l'interdit est ce qui lui per-

1 Voir Philippe Chaillou, *La violence des jeunes*, Gallimard, 1996.

met d'appréhender autre chose que la loi de la rue, la loi du plus fort ou celle du plus malin pour rencontrer les règles ordinaires du fonctionnement social. Découvrir ces règles lui permet de ne pas s'y heurter de plein fouet mais au contraire de les apprivoiser dans l'espace subjectif et professionnel de la relation avec le juge et l'éducateur.

Le travail sur le cadre

La réparation, comme toute mesure éducative, se construit tout d'abord à partir d'un cadre reposant sur des références multiples, n'appartenant exclusivement ni au registre juridique ni à celui de la psychologie.

Ces références restent fragiles, comparées à l'apport massif des sciences humaines cliniques — psychologie, psychiatrie et psychanalyse, anthropologie — dont elles se nourrissent et dont elles ont constamment à se démarquer, tout autant que des techniques pédagogiques et de la morale. Peu théorisées, mouvantes, construites souvent en opposition aux prégnances judiciaires, aux nécessités administratives et aux analyses cliniques, elles structurent néanmoins les pratiques et les débats, avec une préoccupation constamment énoncée : le mineur, son intérêt, ses droits, sa place. Au point que l'objectif éducatif est souvent évoqué par les professionnels de la justice des mineurs en contradiction avec l'objectif pénal, comme si celui-ci s'opposait au cadre judiciaire, au lieu de s'y articuler.

Or, permettre au jeune de trouver sa place dans la cité et dans la loi n'est possible que si les équipes éducatives prennent soin d'amarrer leur travail à un dispositif institué, reposant sur des règles précises. Sinon, toutes les dérives passionnelles sont possibles : celles qui poussent l'adulte à vouloir réussir personnellement là où ont échoué les

autres ; celles qui mènent de la captation au rejet. Un itinéraire classique que la plupart des adolescents connaissent depuis toujours et où ils sont passé maîtres en manipulations, volontaires ou non.
La procédure judiciaire pose un cadre extérieur au bon vouloir de chacun : l'ordonnance confie la mesure au service, elle est motivée par le magistrat, qui reçoit le jeune et sa famille et leur indique, ainsi qu'aux intervenants de l'équipe pluridisciplinaire, l'orientation demandée. Une fois posé ce cadre, le travail éducatif va se déployer, dans son axe institutionnel et administratif propre, avec ses techniques, ses outils, son éthique, ses contraintes. Et il sera rendu compte au magistrat du trajet parcouru.
La fonction de tiers, médiatisant la relation éducative, n'est pas supportée uniquement par le magistrat. Aucune personne ne peut d'ailleurs occuper la place de tiers sans une structure qui la soutienne. Le juge qui ordonne la mesure n'est tiers que parce que la justice le met à cette place et qu'il en respecte les contraintes, n'oubliant pas qu'il ne « fait » pas la loi qu'il rappelle.
Ce que fait l'institution judiciaire pour inscrire la place du magistrat, l'institution éducative le fait pour les professionnels de l'éducation. C'est pourquoi le travail sur le cadre consiste non seulement à faire référence à la loi et au juge mais aussi au projet pédagogique, aux outils éducatifs, à la mission du service et de l'institution. L'oublier, c'est créer une dépendance aux juges au lieu d'étayer un rapport à la loi.
Un tel énoncé théorique de ce qui devrait se passer peut faire sourire ou soupirer plus d'un praticien, exposé quotidiennement aux dérives d'un magistrat débordé, d'une équipe en crise ou d'une institution défaillante. Et pourtant, si l'un des éléments fait défaut, l'ensemble du dispositif tourne sur lui-même et prend chacun des intervenants

dans sa vrille. Aucun travail ne peut se faire sans un bon amarrage au cadre qui le légitime.

Le travail sur la réalité

Habib traîne la nuit dans les rues de la ville. Le jour, il somnole de la maison au collège, s'endort dans les transports en commun, bâille en cours. À l'éducateur qui lui demande pourquoi il a crevé les pneus de cinq voitures, arraché les antennes et rayé les carrosseries, il ne répond rien. Son regard vide plane sur le bureau, glisse sur le visage de son interlocuteur comme s'il ne pouvait s'attarder sur rien. Soudain, il se trouble, rougit, transpire et se tortille sur sa chaise. Non, il ne sait pas qui est son père. Non, ça n'a aucune importance...

Comme Habib, beaucoup d'adolescents traversent leurs années de mue en bousculant règles et codes, en défiant cadres et lois. Interrogation sur ses origines, troubles de sexuation, complexité des alliances. C'est l'âge ingrat pour tous, l'âge de la quête identitaire, celui des expérimentations et des explorations. La réalité quotidienne est floue, incertaine, fantasmatique, angoissante ou fabulée. Il est difficile de s'y repérer.

Aider le jeune à aménager son rapport à la réalité est l'essentiel de la mission éducative. Par exemple, on l'aidera à comprendre que la « bêtise » qu'il vient de commettre constitue un délit, que l'emprunt du cycle peut être qualifié de vol et que les coups sont des agressions. Bien au-delà des questions de vocabulaire, il comprendra que c'est du sens de ses actes qu'il s'agit. Le délit n'est pas un simple acte personnel, sa gravité n'est pas affaire de sensibilité singulière. Sa qualification juridique l'inscrit dans le registre des codes et la réalité des lois.

La réalité des lois, c'est celle des hommes organisés en so-

ciété. L'ignorer, c'est dépendre de ces lois, les subir, sans jamais avoir son mot à dire. Donner à un adolescent quelques clés pour comprendre les lois, c'est lui rendre lisible la réalité sociale — à défaut de l'éclairer sur sa réalité psychique —, c'est aussi l'engager sur la voie active de la citoyenneté. Car si un individu veut faire changer les lois, il doit d'abord les connaître.
L'adolescent peut ainsi découvrir des aspects de la loi qu'il ignore. Celle-ci n'est ni transcendante ni magique ; elle ne peut être réduite ni à une menace, ni à une vengeance, ni à une forme de persécution. Elle est vivante, mouvante, créée par les hommes pour les hommes. Faire partie de l'humanité, c'est sortir du monde clos de sa propre souffrance et de sa révolte pour regarder la réalité qui s'applique à tous, telle qu'elle s'énonce et s'exprime, telle qu'elle se code.
Pour beaucoup d'adolescents, comprendre cela est particulièrement difficile. Aucune rencontre avec un procureur, un juge ou un éducateur ne peut magiquement faire naître un monde de sens régi par un contrat social là où n'existent que la violence, la débrouille ou la haine. Par contre, ce qui peut leur être dit et qu'ils peuvent comprendre, c'est que nos actes nous engagent. Certains d'entre eux sont prévus par le Code pénal et amenés à être sanctionnés.
Il s'agit d'actes effectivement commis ; ni fantasmés, ni rêvés, ni imaginés. Il n'est pas question des prouesses racontées aux copains, des rêves de braquages ou de séduction, ni des brûlures de la culpabilité ou des bouffées de honte causées par le divorce des parents ou l'alcoolisme d'un père. Les faits en question sont plus prosaïques et plus concrets. C'est ce jour-là, à telle heure, à tel endroit… Certes, la réalité est pauvre par rapport au monde d'horreur ou de gloire qu'ouvre l'imagination, mais elle est ce qui borne nos actes et nous engage, ce qui confère du poids

et de la consistance à l'existence. C'est elle qui nous donne à partager la vie des autres. Sans un effort pour saisir les contraintes de la réalité et s'y soumettre, l'adolescence s'étire et s'allonge, peinant à jamais atteindre les rives de la vie adulte.

Le travail sur l'acte

Prise de risque, test pour éprouver la réalité du monde, mesurer la solidité des institutions, juger de la valeur des lois, de la force des interdits, l'acte délictueux est aussi une tentative de séparation avec l'enfance. Même lorsqu'il s'inscrit dans une recherche de reconnaissance et d'alliance marginale et illégale, comme dans les cas de réseaux de revente, de recel, de magouilles, et autres trafics, c'est une tentative de rupture qui signe la douleur d'un deuil, la difficulté d'un passage, l'incapacité à vivre le manque.

Comme tout passage à l'acte, le délit, s'il se vit sans s'élaborer, sera amené à se répéter. Le premier délit sera presque toujours suivi d'autres. Ce faisant, et c'est ce qui le distingue de toutes les autres transgressions pour lesquelles le jeune ne s'est pas « fait prendre », l'acte délictueux a appelé la justice à se prononcer, à rappeler les interdits et les sanctions, à énoncer la place et les droits de chacun. L'acte, volontairement ou pas, a appelé la loi.

Pas seulement la loi. La loi n'étant rien sans les hommes, rencontrer la loi, c'est rencontrer les hommes, ceux qui l'énoncent et la font respecter et ceux qu'elle a pour mission de protéger. Certains adolescents sont loin de réaliser que leurs actes touchent des personnes réelles, que leurs faits et gestes font effraction dans la vie des gens. Ils se protègent pour n'en rien savoir. Leur affirmation se fait dans le refus et dans la violence.

Beaucoup de jeunes se trouvent alors confrontés à leur capacité de nuire, confirmés dans l'idée de leur nocivité. Ce qui peut les surprendre, c'est de découvrir leur capacité de réparer.

Reconnaître un acte

Le jeune Joseph ne comprend pas ce qui lui est reproché. Il n'a rien à voir avec le cambriolage de madame X, s'étant seulement contenté de transporter d'un lieu à l'autre les cartons de vaisselle. Il finira par admettre que le fait de vouloir profiter d'une chose que l'on sait volée est répréhensible. Il reconnaîtra s'être laissé emporter par la tentation d'un gain facile.

D'emblée, sa mère déclare que ce n'est pas la première fois que son fils rapporte à la maison des objets de provenance inconnue. Elle n'y avait jusqu'à présent pas accordé beaucoup d'attention. Joseph lui donne beaucoup de satisfaction, c'est un bon fils, serviable et attentif, qui ne sort jamais sans lui dire où il va. Elle ne voudrait pas que le juge soit trop sévère car elle a besoin de lui, il est le seul homme à la maison.

Joseph n'est pas le seul adolescent qui, aux prises avec son histoire familiale, ne semble pas réaliser qu'il est en infraction avec la loi. Son impossibilité de se séparer de sa mère l'amène à occulter sa responsabilité personnelle dans les actes qu'il commet.

Comment le conduire à rencontrer la réalité de ses actes et à assumer leurs conséquences sans crouler sous le poids de la culpabilité, sans se protéger par l'indifférence ? Comment le travail éducatif effectué autour de la mesure de réparation peut-il permettre à un adolescent en crise ou en panne de découvrir que la loi symbolique de l'échange est préférable à celle imposée par la force, la séduction ou la manipulation ?

Lorsque le contexte familial le permet, la proposition de réparation adressée par la justice au mineur et à ses parents peut leur permettre d'essayer de réamorcer un dialogue qui souvent n'a plus place au sein de la famille. L'adolescent, devenu « mineur » le temps de sa rencontre avec la justice, est invité, avec ses parents, à comprendre les conséquences de son acte pour les victimes et pour la société. Il est amené à examiner sa propre responsabilité.

Winnicott l'a souvent répété : l'adolescent doit lutter pour se sentir réel[1]. Il a besoin de se reconnaître dans les actes et les faits de sa vie, d'être acteur dans le déroulement de son existence pour en dire quelque chose. Acteur = je l'ai fait. Quelles que soient les raisons cachées et inconnues qui l'ont poussé au passage à l'acte, il reconnaît avoir agi. Ensuite, il a besoin de se reconnaître auteur de ses actes. Auteur = j'en réponds. Il ne s'agit pas seulement de reconnaître les faits mais de se reconnaître dans l'acte. En assumer la paternité, en quelque sorte ! Une telle charge n'est possible à un adolescent que s'il peut s'imaginer capable d'être à l'origine non seulement d'actes violents, cupides ou destructeurs, mais aussi d'autres actes, créateurs, imaginatifs, utiles.

La proposition de réparation peut permettre à l'adolescent de se sentir fier de lui-même, en lui donnant une place, avec des droits et des devoirs. Cette proposition peut lui permettre, après coup, d'accepter de se reconnaître dans les actes destructeurs qu'il a commis, au regard de la société et au regard de ses parents, dont il craint parfois le jugement plus encore que celui des juges. Si, dans l'aventure, la mesure de réparation lui permet de rencontrer quelque chose de lui-même, c'est aussi à ses propre yeux qu'il aura changé.

1 D. W. Winnicott, «L'adolescence, à travers le pot au noir », in *De la pédiatrie à la psychanalyse*, Payot, 1969.

Avoir à répondre de ses actes, ce n'est pas s'humilier. En répondre, c'est les assumer dans la dignité. Dans bien des cas, seul un accompagnement éducatif sérieux peut permettre de trouver la bonne distance par rapport aux relents moralisateurs qui entourent la sanction et au poids de la honte et de la culpabilité que réveille la rencontre du système judiciaire.
À ce stade, tout ce qui concourt à l'humiliation et à la culpabilisation d'un jeune — menaces, chantage, pressions, intimidations, autrement dit les comportements classiques de moralisation ou de remontrances — aboutit à l'impasse. Ces attitudes apparaissent pour lui comme le recours ultime d'adultes cherchant plus à asseoir leur pouvoir qu'à l'aider à s'engager dans un processus de maturation.
On le sait bien, pendant l'adolescence, se protéger est une nécessité vitale. Il s'agit de ne pas se laisser prendre par l'émotion. On comprend donc que développer un processus de culpabilisation ne ferait que renforcer la capacité de l'adolescent à s'isoler de la réalité en fuyant au fin fond de lui-même pour ne pas trop souffrir.
L'offre de réparation ne cherche pas à l'enfermer dans la délectation morose de sa nocivité mais, au contraire, vient lui ouvrir un autre champ, positif, où il peut se regarder dans la glace sans perdre la face et sans se protéger contre la douleur. Elle s'inscrit dans la logique de la responsabilité, dans la conviction que chacun doit répondre de ses actes, et qu'il en est capable. Si la culpabilité permet de se rencontrer soi-même, la responsabilité permet de rencontrer l'autre. Or, à l'adolescence, on se rencontre mieux en passant par les autres.
L'accompagnement éducatif, dans un contexte judiciaire, peut donner l'occasion au jeune de croiser sur sa route un

adulte qui se soucie de lui et qui le comprend suffisamment pour l'aider dans sa route vers la maturation et la socialisation. L'importance de cette rencontre apparaît bien dans l'histoire de Victor.

Victor a volé un chéquier, de l'argent liquide et une carte d'identité à une personne âgée chez qui il livre régulièrement des commissions provenant du magasin de son cousin. Ses parents ont remboursé la victime et Victor doit les rembourser en travaillant sans salaire au magasin. La victime a accepté les excuses de l'adolescent qui, en outre, a débarrassé sa cave. Après avoir accompli ce travail de réparation, Victor a confié à l'éducateur son sentiment d'avoir changé, d'être véritablement devenu quelqu'un d'autre... Pris dans ses histoires de famille, entre parents et cousins, il avait du mal à s'y retrouver et il reconnaît que les longues discussions avec l'éducateur l'ont aidé à mieux se comprendre. Son éducateur ne lui a pas fait la morale mais lui a permis de saisir ce qu'il avait fait.

Chapitre 3
Rencontres éducatives sur fond de réparation : inventivité et étayage

Les faits se sont déroulés dans la banlieue nord de Paris. Jean-Pierre, quinze ans, a pénétré un dimanche soir dans les locaux du collège où il est scolarisé et a saccagé du matériel. Il était en état d'ivresse. Dénoncé par un camarade à qui il s'est confié, il est convoqué au commissariat et reconnaît aussitôt les faits. Il explique son acte par la mesure d'exclusion temporaire dont il vient de faire l'objet pour absentéisme. Après une très courte garde à vue, il est présenté au parquet qui convoque son père. Celui-ci se rend immédiatement à la convocation tout en regrettant l'intervention de la justice. Il voudrait que l'affaire soit réglée par le biais de l'assurance. Jean-Pierre, lui, souhaite faire quelque chose pour se réconcilier avec le collège.

Lors de la discussion avec l'éducateur, il apparaît que Jean-Pierre supporte mal le souvenir de son acte, qu'il ressent comme un épisode plutôt honteux, comme la marque de son malaise personnel. Il accepte avec chaleur la réparation proposée : une journée de petits travaux au profit du collège. Le père reste plus réticent ; il ne voit pas l'utilité de cette démarche. Toutefois, après que son fils a passé une journée à bricoler dans l'établissement, et le voyant soulagé, presque radieux, le père se déclare satisfait. Après coup, il estimera que la mesure leur a permis de parler des problèmes que son fils avait au collège et dont il n'avait pas mesuré la gravité.

À la suite d'un délit et d'une arrestation, l'adolescent qui ne maîtrise ni ses pulsions ni la machine sociale qui l'entoure se voit projeté dans un monde inconnu, menaçant, la plupart du temps incompréhensible. Il sait fort bien que sa rage, ses comportements défensifs, ses attitudes hostiles peuvent lui coûter cher ; c'est la règle du jeu et il la connaît.

Lorsqu'il rencontre la justice, il attend la remontrance, la condamnation, et ferme les écoutilles pour prendre le moins d'eau possible. Et voilà qu'on lui demande son avis sur un projet d'activité sociale ! On comprend qu'il puisse en être un peu dérouté. Il ne pouvait imaginer qu'on allait lui demander une action positive, un geste généreux, qu'on allait se soucier de ses goûts, de ses espoirs, de ses attentes. De plus, la proposition va impliquer ses parents et la victime des faits qui lui sont reprochés. On va devoir parler en famille, et avec celui ou celle qui a eu à subir les conséquences de son acte, et dont souvent il ignore tout. Il arrive même qu'une brèche s'ouvre dans le bloc de silence des relations qui se sont installées autour de lui.

La réalisation de la réparation, si elle est bien organisée et menée à son terme, peut également avoir pour effet de desserrer l'étau d'hostilité qui l'entourait et désignait sa famille aux yeux de tout un quartier.

Changer la donne

Rien de tout cela ne se fait magiquement, par la seule vertu d'une injonction. Il faut insister ici sur l'importance du travail éducatif indispensable pour permettre à un jeune en difficulté de trouver, en lui et dans sa sphère familiale, suffisamment d'espace personnel à réactiver pour pouvoir prendre le risque de modifier sa donne.

Mais le mineur n'est pas seul en cause. L'intervenant social qu'il va rencontrer, sur la scène judiciaire et sur le terrain éducatif, aura sa part dans la réussite de l'échange ou dans son échec. Son propre rapport à la réparation, ainsi que ses positions au regard de la responsabilité du jeune, de ses parents, des adultes et de la société seront fortement mis à contribution.

C'est lui qui aura la charge d'ouvrir le jeune à la dimension de l'échange réparateur, c'est lui le médiateur qui permettra que s'ouvre le chemin de la réparation. Son rôle est essentiel puisqu'il est à la fois celui qui assure le suivi de la proposition judiciaire de réparation auprès du jeune et qui relaie sa démarche auprès des victimes ou des partenaires sociaux.

Sa capacité à traduire la sanction pénale en acte social et la démarche punitive en démarche de responsabilisation repose en grande partie sur la relation qu'il établira avec l'adolescent. C'est la qualité de cette relation qui donnera du sens à l'échange et permettra que le mineur puisse repenser son rapport à la loi, son rapport à ses actes et son rapport à autrui. En attendant que bouge quelque chose de son rapport à lui-même.

Le risque d'être concerné

Un grand nombre des jeunes qu'on peut rencontrer dans les tribunaux et les institutions donnent l'impression de n'être absolument pas concernés par les autres.

Ils n'expriment aucun regret, aucune compassion à l'égard des victimes. Or la réparation repose sur leur capacité à percevoir le tort causé à l'autre, d'imaginer sa détresse, de se représenter le préjudice matériel ou psychique qu'il a

subi. Est-ce dire que la démarche de réparation prend appui sur une dimension qui leur ferait défaut ? Ou serait-ce plutôt qu'elle sollicite chez eux des sentiments qui ne sont pas faciles à éprouver sans se mettre en danger ?
Sortir de la revendication, se sentir touché par les autres, c'est être vulnérable. Cela ne peut donc se faire sans protection. Au moment de l'adolescence, en particulier, est requise l'aide d'un adulte tutélaire avec qui peut s'établir une relation de confiance et qui, grâce à son ancrage institutionnel, ouvrira la porte de l'échange et des interactions positives.
L'identification à l'éducateur prépare le terrain de la réparation. Sans elle, dans de nombreux cas, aucune identification à la victime n'est possible. La relation à l'éducateur, ou au juge, ou au médiateur, peut amener un jeune à se sentir touché par la victime de ses actes et lui donner une chance d'envisager de réparer. Cela ne peut se produire tant que l'adolescent se protège et se défend de l'émotion. Le passage par une relation protégée de la haine et du ressentiment, exempte de vengeance, de soumission, de rapport de forces et de séduction, voilà ce qui peut lui permettre d'apprivoiser des sentiments qu'il craint d'éprouver par peur d'être envahi par eux.
C'est dire combien il est inutile de « culpabiliser » un adolescent. L'apparente « inaptitude à la culpabilité », qui a fait les beaux jours de certains discours criminologiques, n'est souvent qu'un masque collé sur le dégoût de soi. Rictus et autres comportements de prestance sont des mécanismes de défense adaptés aux situations de délinquance et aux jeux de guerre et qui permettent de lutter contre l'envahissement de la peur.
De même, un adolescent qui ne rencontre que des dénis d'existence peut difficilement avoir accès à la dimension de l'autre. Le déni de sa subjectivité entraînant en cascade

des mécanismes haineux de protection, autrui peut difficilement le concerner si lui-même n'a jamais concerné personne. Éprouver de la sollicitude pour autrui, passer de la haine à l'émotion, de la dette au don ne peut s'envisager sans le long cours d'un accompagnement qui commence par la reconnaissance de l'adolescent lui-même, de son existence et de ses droits, de ses griefs et des préjudices qu'il a subis.

Conformisme sur ordonnance

Sinon, on peut toujours lui demander de s'excuser ou d'indemniser la victime de ses actes délictueux mais pas de « faire réparation » à quelqu'un. En tout cas, pas si l'on veut que cette réparation l'enrichisse lui-même autant qu'elle apaise la victime et calme la société. Croire ou faire semblant de croire qu'on peut pousser un jeune à s'engager dans un processus de réparation sans que ne soit engagé, en même temps, un travail de fond est une erreur. On ne ferait que renforcer l'apparente soumission du jeune aux pressions sociales en rajoutant un comportement de conformité à tant d'autres comportements analogues, vides de sens et de subjectivité. Dès lors, l'adolescent se contente de jouer le seul jeu qu'il connaisse, celui où, quand on n'est pas le plus fort, il faut être le plus malin.

La résistance de certaines équipes face au recours trop systématique aux mesures de réparation, lettres d'excuses ou confrontation directe du jeune mis en cause avec la victime est en partie liée à cette question des risques de conformisme.

Cependant, refuser pour cette raison toute expérience de réparation, c'est pécher par pessimisme en oubliant qu'on n'est jamais le maître du jeu de l'autre. La réparation est une proposition d'aventure judiciaire, sociale et psychique. Elle peut aider plus d'un mineur, pour peu qu'elle ne se stérilise pas dans une répétition de démarches stéréotypées.

La période de l'adolescence, énigmatique à l'adulte professionnel comme au parent, révèle une intense disponibilité psychique cachée sous le masque du refus et des comportements violents. Lorsque les avatars identitaires et les passages à l'acte amènent un mineur devant la loi, il est déstabilisé. S'il rencontre des adultes attentifs à sa souffrance et des dispositifs dans lesquels il peut investir ses propres fantasmes, dans la sécurité qu'offre un accompagnement éducatif, il est tout à fait capable de s'engager dans une expérience, même si l'issue en est incertaine.

La relation éducative prend ici toute son importance. Protectrice sur le plan émotif, assurant un cadrage sur le plan institutionnel, elle a pour but d'amener le jeune à reconnaître ses torts tout en entrevoyant les moyens de répondre de ses actes.

Les éducateurs savent, mieux que quiconque, qu'une grande partie de la délinquance des mineurs relève des erreurs éducatives et des injustices sociales. Demander aux jeunes de réparer n'implique pas qu'on oublie que la société a des torts à leur égard. Entre le Charybde de l'interdiction et le Scylla du laisser-faire, il est possible de reconnaître que la société n'est pas neutre, qu'elle a des responsabilités dans la délinquance des jeunes, tout en incitant ceux-ci à répondre de leurs délits.

La question du responsable

Les carences multiples subies par les jeunes, ont, en dépit de leur réalité objective — que personne ne peut nier —, un statut inconscient primordial dans la représentation que l'adulte se fait du mineur délinquant[1]. C'est pourquoi le désir de réparer, source des fantasmes de l'adulte, peut faire resurgir un sentiment d'injustice, vécu pendant l'adolescence et parfois profondément enfoui.

L'adolescent clame sa haine ou son sentiment d'injustice, son besoin de dédommagements, son refus de se soumettre aux contraintes de la vie familiale ou sociale, aux exigences du cadre judiciaire. Il rencontre un adulte qui, à partir du même constat d'injustices et de carences, a développé son potentiel réparateur et ses capacités sublimatoires.

Sur la scène fantasmatique se joue un bien curieux dialogue de sourds. L'un réclame avec véhémence ou avidité ce que l'autre désire justement lui octroyer. Or celui qui revendique ne peut se satisfaire de ce que lui propose l'éducateur. Sa revendication tomberait et, avec elle, son droit imaginaire à la profusion des dons et à l'impunité. S'il perdait son discours de plainte, que lui resterait-il ?

En réparant le jeune délinquant, le travailleur social lui ôterait son droit à la haine. En fait, la réparation proposée, dédommagement ou réconfort, creuse l'écart entre celui qui possède et qui donne (l'éducateur) et celui qui vit le manque et s'en plaint (le mineur).

Le paradoxe de la réparation est celui de la liberté : on ne peut la donner à celui qui la revendique, on ne peut que l'aider à s'en emparer.

L'un répare, l'autre pas

La rencontre ordinaire entre un adolescent blessé, habité par la haine et le ressentiment, et un adulte, travailleur

1 Voir M.-T. Mazerol et J. Villier, « Le métier d'éducateur, un métier symptôme », in *Annales de Vaucresson*, 1972.

social, éducateur, psychologue ou magistrat, plein de bienveillance à son égard, se fait à partir d'un constat commun de préjudices et d'injustices. Mais la différence entre les deux est essentielle : l'adulte consacre une part importante de son activité professionnelle à faire ce que l'adolescent ne peut encore réaliser qu'au plan fantasmatique.

Ce que le mineur et le professionnel ont en commun, et qu'ils partagent avec tous les hommes, c'est le manque. Plus précisément encore, ils ont une connaissance personnelle de ce que sont la défaillance, le sentiment de la fragilité, la révolte face à l'injustice, la difficulté d'être. Ce qui les sépare, c'est leur rapport à la destructivité et leur confiance en leurs capacités pulsionnelles.

Celui qui peut accepter sa part de haine et en ressentir la charge sans être écrasé pourra avoir accès aux fantasmes réparateurs et transformer sa haine et sa rage en énergie vitale. Il pourra ainsi dépasser son propre besoin d'être réconforté, d'être restauré, son désir d'être compris, d'être aimé, et accéder à la créativité qui lui permettra d'accepter les limitations de son existence en lui donnant envie d'agir sur sa vie.

Par contre, celui qu'écrasent la haine, la honte et le ressentiment, le rejet et l'humiliation ne peut développer seul des projets créatifs et réparateurs et s'en trouver réconforté. Il a besoin pour cela qu'on lui montre le chemin. Il a besoin qu'on s'intéresse à lui, sans le plaindre, sans commisération. L'invitation à la réparation ne peut se faire que dans le respect réciproque.

Invitation à la réparation

Prenons l'exemple des réparations indirectes, celles où l'adolescent est appelé à réparer les conséquences de ses actes par le biais d'un travail fait au bénéfice de la collectivité. Dans un tel projet, le professionnel ou le bénévole engagé dans un partenariat éducatif, qu'il soit pompier, membre d'une association, ouvrier dans une municipalité, est celui qui invite à la réparation. Il offre au jeune, qui en est encore éloigné, l'opportunité d'entrer dans les interactions positives de l'échange réparateur. Grâce aux possibilités que lui donne son métier ou ses activités sociales, il invite à la réparation celui qui s'en croyait exclu. Il ne le répare pas mais l'invite à réparer.

Je me souviens de Patrick, allé « faire sa réparation » dans les services d'entretien d'une municipalité. Il devait balayer les allées d'un square et s'endormait sur son balai en attendant qu'arrive l'heure du déjeuner. Qu'avait-il compris de la mesure dont il bénéficiait ? Pour quel délit le juge avait-il pensé qu'une réparation indirecte serait judicieuse ? À n'en pas douter, Patrick savait surtout qu'il avait échappé à une punition plus sévère. Pour le reste, il attendait que le jour se passe ; il s'ennuyait.

C'est alors qu'un employé du service d'entretien des jardins est venu vers lui. Nous ne saurons pas ce qu'ils se sont dit mais leurs conversations ont changé le regard de Patrick sur le jardin, le square et les balais. L'adulte, tout en nettoyant les allées, a ouvert un monde que le jeune homme ignorait. Ils ont échangé. Patrick a changé.

Rien de grandiose dans ce qui s'est passé ce jour-là dans le square. Rien qu'une rencontre entre un adulte et un adolescent, entre un travailleur et un jeune. Une rencontre comme celle-ci fait des réparations indirectes une véritable promesse de socialité pour des jeunes privés d'échanges humains non commerciaux, livrés aux trafics, magouilles, débrouilles et autres économies de survie.

La réparation compulsive

Dans les métiers du social et de l'aide à l'enfance et l'adolescence en difficulté, se rencontrent de multiples formes de réparation. Comme c'est souvent pour se réparer soi-même qu'on répare les autres, la réparation n'est pas facilement laissée aux jeunes par les adultes, aux mineurs par les professionnels, aux enfants par les parents. Celui qui a besoin de réparer se sert le premier et parfois prend tout. C'est ainsi que certains professionnels continuent à vouloir réparer les jeunes, au lieu de les inviter à le faire. Ils font de la réparation une aventure singulière, qui les concerne, au lieu de la situer dans une entreprise collective : une affaire personnelle plutôt qu'un projet social.
La compulsion qui pousse l'adulte à réparer rend parfois sa démarche vitale pour lui-même. Cette forme de réparation assigne à l'enfant ou à l'adolescent la place d'un objet abîmé, à réparer. Objet de soins attentifs, objet passif ou reconnaissant, il doit être conforme aux attentes de celui qui répare sous peine d'être écarté au profit d'un autre plus valorisant.
Cette logique égoïste qui pousse l'adulte à réparer le jeune met la société hors de cause. Tout se passe comme si elle n'était pas concernée, pas impliquée dans les torts causés, dans les drames personnels et les tragédies familiales, comme si elle n'avait pas à prendre sa part de responsabilité dans l'aventure réparatrice.

Le relèvement de l'enfance coupable

En fait, cette façon de se réparer soi-même à travers l'autre, en se servant de l'autre, renvoie à certains vieux modèles caritatifs. Le projet des institutions charitables créées au siècle dernier reposait sur le modèle classique d'une réparation de l'enfant perdu, du mineur délinquant ou des jeunes filles coupables qui n'impliquait de leur part aucune responsabilisation. Il était question de leur rédemption personnelle ; on attendait d'eux de la gratitude, mais certainement pas qu'ils deviennent eux-mêmes acteurs de leur destin.

Condamner sans nuance l'état d'esprit de ces époques révolues serait tomber dans le travers d'un « politiquement correct » actuel qui dénonce le « bien-pensant » d'autrefois. Laissons aux sociétés passées leurs modes et leurs critères, mais notons l'anachronisme qui consisterait à faire aujourd'hui le travail social d'hier, à investir la mesure de réparation, mesure laïque, éducative, sociale et pénale, des valeurs morales confessionnelles et philosophiques d'une autre époque.

De la réparation d'hier à celle d'aujourd'hui

Certaines équipes éducatives ont, du reste, su reprendre le flambeau d'une démarche de réparation issue du caritatif confessionnel et le porter vers des projets ayant une dimension sociale et laïque. Je prendrai l'exemple de cette institution qu'est l'Œuvre de l'abbé Denis. Ce service de placement familial a gardé le nom de son fondateur, même si ses objectifs d'origine, « relèvement de l'enfance coupable et des prisonniers libérés », ont profondément changé.

Au temps de l'abbé, les jeunes lui étaient confiés directement par le tribunal. Il leur cherchait du travail, des patrons qui acceptaient de les héberger. Aujourd'hui, soixante ans après l'habilitation de l'abbé Denis, les jeunes sont confiés à un service qui se charge de leur trouver des familles d'accueil.

Tout ce qui sépare le bon abbé — personnage haut en couleur dont tout le monde vantait le dévouement — de l'équipe actuelle d'éducateurs et d'éducatrices, mais aussi tout ce qui les relie, renvoie au domaine de la réparation. Dans cette institution, qui prend toujours en charge des adolescents — dont certains ont été très abîmés par la vie —, la réparation est au centre des objectifs et des outils éducatifs. Le projet éducatif repose sur trois temps forts qui accompagnent la prise en charge d'un jeune : séparer-répéter-réparer.

Séparation-répétition-réparation

La séparation initiale est celle du milieu naturel, familial ou institutionnel qui a précédé le placement. La répétition va concerner la force pulsionnelle du jeune qui le pousse à reproduire sur la scène familiale où il est accueilli un certain nombre des mécanismes douloureux et violents qui l'habitent depuis l'enfance.

La réparation va viser trois objectifs principaux. Tout d'abord, se met en place une première restauration : celle du lien entre le jeune et les adultes tutélaires qui le prennent en charge, les assistantes maternelles, les éducateurs, l'ensemble de la famille d'accueil. À partir de là se tente une reconstruction des rapports sociaux avec l'entourage, grâce à l'intégration de la famille d'accueil dans son quartier, son village, là où le jeune peut apprendre ou réapprendre à vivre en société. Enfin, dans le meilleur des cas, on espère engager une pacification de ses rapports à sa famille et surtout à lui-même[1].

Sur la base de ces principes, en vigueur depuis des années, le service met en place aujourd'hui une unité éducative de

1 Voir « Séparer, répéter, réparer », in *Adolescents en famille d'accueil*, OAD, Pau, 1994.

réconciliation sociale. Les bases théoriques et cliniques du projet sont élaborées dans la continuité des pratiques et des réflexions qui se sont développées autour de la notion de réparation en visant à la fois la réparation individuelle du jeune et la réparation sociale du groupe qui l'accueille.

Un pas pour aller l'un vers l'autre

Sans entrer dans le détail du projet, soulignons que la réparation en question se pose sur le mode de la réconciliation sociale : le jeune et la société doivent tous les deux faire un pas pour aller l'un vers l'autre. La relation éducative sert d'étayage et de cadre pour accompagner l'adolescent et l'inviter à une confrontation que, étant donné son histoire, il a toutes les raisons de craindre.

L'éducateur est alors un médiateur social ; il se porte garant de la société pour le jeune et du jeune pour la société. Grâce à sa compétence professionnelle et au soutien institutionnel qui le cadre, son potentiel réparateur personnel peut être mobilisé. Sans occulter celui du jeune qu'il invite et incite. Sans annuler celui qui doit naître de la société. Ce qu'ont compris les descendants du bon abbé, et avec eux beaucoup d'éducateurs, c'est que, pour qu'il y ait de la réparation, il faut que l'arrimage institutionnel soit solide. Il faut que l'échange réparateur soit inscrit dans un projet qui, à travers l'institution, implique la société. Ces conditions sont nécessaires pour que l'aventure réparatrice qui se joue dans le travail social ne soit pas une affaire de personne mais un projet de société.

C'est pourquoi, entre la personne et la société, l'institution doit tenir sa place. C'est dire qu'avant de se projeter dans l'aventure sociale, la démarche réparatrice doit s'apprendre dans les échanges internes, à l'intérieur de la famille dans un premier temps, mais surtout, ensuite, dans les lieux d'éducation, scolaires et professionnels, et dans les lieux de prise en charge ou d'hébergement, foyers ou équipes éducatives.

Si la proposition de réparation semble étrange à un adolescent qui n'a jamais été enjoint de répondre de ses actes dans sa famille ou à l'école, elle devient incompréhensible pour celui qui vit depuis des mois ou des années dans un foyer ou une institution qui en ignore les enjeux. Avant de se développer vers l'extérieur, en direction de la société, les capacités d'empathie et de responsabilisation des adultes et des jeunes en difficulté doivent bien souvent commencer par se roder à l'intérieur de l'institution.

Médiation et réparation en institution

Dans les foyers et dans les lieux d'hébergement, partager la vie quotidienne des jeunes en difficulté donne aux équipes éducatives l'occasion d'autant de petites joies que de mauvais moments. Même les éducateurs qui aiment la vie en internat la trouvent parfois lourde à porter.

La question du règlement des conflits, des multiples querelles, discordes et manquements réguliers aux règles de la vie commune se pose partout avec insistance. Question d'équilibre pour chacun, de survie pour tous, l'enjeu est de taille ; il s'agit de maintenir la possibilité de vivre ensemble. C'est une des raisons qui a poussé certaines équipes à mettre en pratique la démarche de réparation dans le contexte bien particulier de l'institution.

Il s'agit souvent de répondre aux problèmes disciplinaires les plus courants, en intégrant la proposition de réparation comme une sanction à visée médiatrice et restauratrice pour le jeune et pour le groupe. Il s'agit également d'intégrer la démarche réparatrice dans de nombreuses situations de crise ou de tension afin de passer le cap en maintenant trois objectifs principaux : détourner la violence en utilisant son énergie, éviter que quiconque perde la face, maintenir l'équilibre du groupe.

Inventivité et tact

À première vue, certains exemples de réparation expérimentés dans ce cadre peuvent sembler désuets et futiles : écrire un poème, broder un canevas, débroussailler un bosquet ! Et pourtant, derrière les apparences, ces actes mettent en évidence la capacité créatrice et la singularité de chaque jeune, en tenant compte de son désespoir, de sa haine et de sa rage.

Ces deux petites histoires se passent à Marseille, à l'Association pour la réadaptation sociale, qui prend en charge des jeunes ayant de grandes difficultés sociales et des problèmes personnels importants. Tous et toutes ont le même parcours : « Trajectoires d'échecs successifs, pas de référence au travail, sentiment de solitude et de désespoir, précarité, multiples passages à l'acte dans la délinquance, la toxicomanie, la prostitution, refus de l'autorité, manifestations de violence, difficultés ou troubles psychologiques[1] ». Le projet éducatif, qui consiste à donner à ces jeunes les moyens d'une réinsertion personnelle, demande de la part des équipes beaucoup de compétence ; leur permettre de vivre en collectivité requiert infiniment d'inventivité et de tact.

Yasmina terrorisait le groupe avec ses colères et ses accès de rage. Elle était ingérable, toujours sur le point d'exploser. Elle ne craignait rien ni personne. L'éducatrice cherchait

1 Association pour la réadaptation sociale (ARS), bilan des services 1996.

une sanction qui puisse la toucher sans la cabrer et sans lui donner l'impression qu'on la rejetait. Elle s'est souvenue du plaisir que la jeune fille avait pris à lire en public le compte rendu d'un voyage qu'elle avait rédigé. C'est ainsi qu'elle lui proposa, en guise de sanction, d'écrire un poème. Yasmina rédigea le poème et le lut à l'ensemble du groupe.

L'autre histoire est celle de Suzanne. Deux mois, plus tôt, sous l'effet de l'alcool et d'une prise de cachets, elle avait tenté de se défenestrer et n'en n'avait aucun souvenir. Elle venait d'insulter une éducatrice. Celle-ci lui a demandé de lui faire réparation en brodant ses initiales sur un canevas. L'achat du canevas nécessitait de la part de la jeune fille qu'elle réalise une tâche rémunérée[1].

Dans ces deux histoires, les jeunes filles concernées sont violentes, vulnérables et fragiles, à chaque instant susceptibles de craquer, de récidiver, ou de mettre leur vie en danger. Elles ne connaissent de la vie que rejet, punition, jugement moral, humiliations.

Quelle sanction peut toucher une jeune fille qui n'a pas dormi dans un lit depuis des mois et qui ne pense qu'à se tuer ? Comment vivre en groupe sans règles et comment tenir si les règles ne sont pas appliquées ?

Des sanctions réparatrices

Quand on ne veut pas réprimer, comment sanctionner ? En demandant au jeune de faire quelque chose : fabriquer, créer, offrir, donner, pour les autres. Ni imposer ni contraindre, mais proposer, suggérer, inviter...

Alors que les sanctions classiques[2] privent le fautif de

1 Nicole Versi, « Un sourire qui en cachait gros », dispositif de réparation, ARS, Marseille.

2 Eirick Prairat, *La sanction, petites médiations à l'usage des éducateurs*, L'Harmattan, 1998.

quelque chose à quoi il attache de l'importance — son dessert à la maison, sa liberté en prison, son argent dans l'amende —, ou lui infligent la contrainte d'un acte pénible — pensum, travaux forcés —, les sanctions-réparations lui demandent de donner de son temps ou de son argent pour faire quelque chose qu'il aime, en réparation à quelqu'un. On ne le privera pas de son dessert, mais on lui demandera d'en préparer un pour tout le groupe !

Selon les cas et les lieux, selon leur âge (enfants ou adolescents), il peut être proposé aux jeunes de faire réparation directement à la personne à qui ils ont nuit, ou à l'institution. Chanter à l'occasion d'une fête collective, peindre une fresque pour le foyer, préparer un repas pour tout le monde, décorer la salle commune..., les exemples abondent où des adolescents, comme Yasmina et Suzanne à Marseille, sont invités à offrir à la collectivité un peu d'eux-mêmes. Ainsi, celui qui a saccagé sa chambre est sollicité pour aider à refaire la peinture du hall. Un autre nettoiera la terrasse ou débroussaillera un bosquet.

À première vue, rien d'exceptionnel. Ces pratiques peuvent même évoquer à certains des modes de règlements disciplinaires appartenant au temps révolu des gros internats, où le directeur faisait laver sa voiture, entretenir son jardin ou nettoyer sa maison par les adolescents punis : la fugueuse servait à table ; le violent fendait du bois. Main-d'œuvre gratuite, domesticité assurée, exploitation bien protégée par le secret qui entourait les grosses institutions de jadis.

La démarche est toutefois fort différente. Il n'est plus question d'exploiter la force de travail et la culpabilité d'un jeune au profit d'un directeur ou d'un groupe, mais de lui proposer de pacifier son rapport aux autres en faisant quelque chose qu'il aime. Nous sommes loin du rapport de forces qui structura les méthodes éducatives d'antan ; il s'agit ici de tentatives de régulation des conflits qui s'appuient sur la volonté de respecter le jeune et le groupe. Sanctionner plutôt que punir, valoriser au lieu de condamner, intégrer et non rejeter, faire plaisir et non pas châtier sont en fait des démarches éducatives qui se retrouvent dans beaucoup de collectivités, sans recours à une théorisation de la réparation. C'est tout simplement une forme de l'art difficile de bien vivre ensemble.

Un dispositif de médiation-sanction-réparation

Toutefois, si la pratique empirique est ancienne et fait partie des démarches et stratégies éducatives ordinaires, la mise en place d'un dispositif de régulation inter-foyers dans une même association est plus originale. C'est une expérience de ce genre qui a été mise en place à l'Association pour la réadaptation sociale de Marseille en créant un service interne de médiation-sanction-réparation pour régler les conflits et les problèmes disciplinaires de l'association. Une éducatrice reçoit les plaintes et propose un entretien aux jeunes et aux professionnels concernés. Ils explorent ensemble les modalités concrètes rendant possible une réparation originale qui tienne compte de chaque situation, de chaque jeune. Ces rencontres médiatrices offrent un lieu et un temps de parole détaché du temps de crise. Le fait d'être sollicité pour réfléchir à une démarche de réparation est moins angoissant pour les jeunes que ne le serait la convocation chez le directeur pour une admonestation. Le rendez-vous chez la médiatrice et le temps passé à concevoir le projet de réparation deviennent des temps forts de l'action éducative, pour le jeune et pour les éducateurs.

Dans bien des cas, la réparation demandée vise non pas le préjudice directement causé à une personne mais se traduit par un geste d'apaisement à destination de la collectivité. Il s'agit de faire prendre conscience au jeune de ses nécessaires liens avec le groupe. Le rappel de la loi et du règlement s'énonce dans ce contexte de reconnaissance des autres.

Un tel dispositif ne peut fonctionner que s'il repose sur un large consensus au niveau des professionnels, sur une bonne assise institutionnelle et sur une compréhension des multiples aspects de la notion de réparation. Comme l'indique le directeur : « Les mesures de réparation pour infractions aux règles de fonctionnement des foyers ne peuvent, en aucun cas, se substituer à l'action éducative. Un recours systématique aux mesures de réparation les banaliserait et leur ferait perdre tout leur sens. La réparation doit rester une mesure exceptionnelle. Elle ne peut être imposée[1]. »

En effet, pour faire office de sanction institutionnelle, la complexité et la richesse de la démarche de réparation doivent être comprises par tous. Celle-ci offre des opportunités de médiation et peut déboucher sur une démarche de conciliation si elle s'étaie sur un véritable processus éducatif. Sinon, elle cultivera les conformismes et les faux-semblants, comme toute sanction.

Ce type de dispositif permet d'organiser l'espace institutionnel. Il le dote d'un outil de régulation des crises et de règlement des problèmes disciplinaires. Est ainsi évité parfois l'individualisation des conflits, quand le jeune et l'éducateur s'enferment dans un ressentiment réciproque dont ils ne peuvent sortir, faute d'espace tiers. Mais surtout, il offre une alternative à l'exclusion du mineur, seule sanction possible dans un grand nombre de lieux éducatifs. Ou au recours systématique à l'instance judiciaire.

1 Alain Lerusssi, « La réparation dans le champ éducatif » (note d'information), ARS, Marseille, 1998.

Rafistolage ou consolidation

Un tel dispositif ne peut se maintenir sans que les jeunes et les professionnels le soutiennent.

La plupart du temps, les adolescents participent facilement à ce type de régulation interne, surtout si la médiation leur offre un espace de parole, des possibilités de choix et des opportunités d'actions. Par contre, pour l'adulte concerné par le litige, il est parfois difficile d'accepter de détourner la sanction de sa logique punitive.

Il est vrai que rien ne garantit que le jeune concerné éprouve véritablement les regrets qu'il exprime, qu'il recherche autre chose qu'un moyen d'échapper à l'exclusion de l'institution. Aucune magie à attendre de la réparation, aucune raison de croire qu'elle va transformer l'adolescent mal dans sa peau en un bon samaritain.

Souvent proche du bricolage institutionnel, le dispositif de réparation à l'intérieur d'une structure éducative repose toutefois sur le même principe que la mesure judiciaire : responsabilisation du jeune, ouverture sur l'altérité. Le jeune mis en cause est amené à assumer ses actes et leurs effets sur autrui. Le travail éducatif consiste à l'accompagner dans cette découverte en lui faisant mesurer qu'il ne vit pas seul, même s'il est enfermé dans ses problèmes personnels, qu'une infraction aux règles communes peut avoir des conséquences pour les autres, jeunes ou adultes.

Chapitre 4
Résistance et résilience : la réparation, un processus psychique

Le recul manque pour juger de l'effet à long terme des mesures de réparation que nous avons évoquées. Ponctuelles, limitées dans leurs ambitions, ces mesures n'ont fait l'objet d'aucune analyse détaillée. Aucune recherche d'ensemble sur le sujet n'a encore été publiée. Toutefois, nous pouvons nous appuyer sur l'avis des professionnels, sur leurs impressions subjectives, pour repérer le trajet d'une démarche de réparation et ses effets chez un adolescent.

Dans bien des cas, la crainte de la sanction ou le soulagement de n'être pas incarcéré sont les sentiments d'abord dominants. Ensuite, vient la peur de n'être pas capable de réussir l'action demandée, ou que le juge change d'avis. Puis, la fierté d'avoir accompli quelque chose prend le relais. Les temps d'élaboration, de recherche, pendant lesquels le jeune explore ses possibilités d'action, sont très importants puisqu'ils lui donnent l'occasion de réfléchir à ce qu'il a fait et à ce qu'il peut faire.

Rappelons-nous de Jean-Pierre[1] qui, à l'âge de quinze ans, avait pénétré un dimanche soir dans les locaux de son collège pour y saccager du matériel alors qu'il était en état d'ivresse. Contre l'avis de son père, il avait souhaité faire quelque chose pour se réconcilier avec le collège. L'éducateur avait bien perçu qu'il supportait mal le souvenir de son acte, qu'il le vivait comme un épisode honteux.

La réparation proposée consista en une journée de petits travaux au profit du collège. Jean-Pierre s'en trouva fort bien. Nous ne savons pas ce qui s'est passé pour lui pendant la réalisation de cette activité, mais il était heureux de pouvoir l'accomplir et fier du résultat. Le plus important est que cette démarche permit à l'adolescent de parler avec son père. Celui-ci ne mesurait pas les difficultés que traversait son fils. Il mit d'ailleurs du temps à comprendre que Jean-Pierre veuille réparer alors que l'affaire aurait pu se régler entre adultes, par le biais de l'assurance.

La réparation permit au jeune homme de montrer à son père qu'il voulait assumer ses erreurs et qu'il en était capable. La proposition vint au bon moment apporter un changement dans les difficultés personnelles et relationnelles qui envahissaient la vie de cet adolescent.

Le cas de Jean-Pierre nous donne à penser qu'un véritable processus de réparation psychique a pu accompagner sa démarche. Derrière la sanction pénale qui le rend quitte de son infraction, derrière l'apaisement social qui restaure son rapport au collège, derrière l'ouverture à la parole qui force la relation à son père, se dessine quelque chose d'une reconstruction de lui-même dans un moment où la honte de soi le rend particulièrement fragile. Tous ces élé-

1 Voir chapitre 3.

ments, nous les retrouvons dans toutes les démarches de réparation.

Ce qui se dégage des discours des professionnels que j'ai pu rencontrer sur ce sujet, c'est que la réparation donnerait de la force, de l'énergie pour transformer les difficultés de la vie en partage, en capacité de créer, en pouvoir de donner. La réparation répare l'estime de soi.

Blessures d'enfance

La trajectoire d'une part importante des personnes qui consacrent leur vie à l'action éducative, sociale ou charitable donnerait à penser qu'une véritable alchimie transmute parfois l'horreur de l'enfance en superbe force de rayonnement. La pratique du travail social le confirme, nombreux sont ceux qui y trouvent la possibilité de réparer leurs dégâts personnels en faisant réparation à d'autres. Cette réparation concerne essentiellement des blessures, carences et souffrances qui ont été subies jadis et qui restent toujours vives, dont le souvenir ne serait pas supportable sans le recyclage de la violence et de la rancœur qui y sont attachées. L'agressivité personnelle qui s'exprime chez ces professionnels et bénévoles est celle de la rage et de la colère tout autant qu'une forme de lutte contre l'anéantissement et la dépression.

L'origine infantile des blessures qui mènent certains vers la réparation semble en écarter d'autres avec la même vigueur. Les séparations précoces, les abandons, les maltraitances, les sévices qui poussent les uns vers les métiers de l'aide ou du soin en révoltent d'autres au point de les installer dans la haine et la destruction, la plainte et la revendication, ou de les mener vers diverses formes d'effondrement psychique ou social. Beaucoup de témoignages et de rapports indiquent que certains jeunes délinquants sont absolument incapables de s'inscrire dans les procédures de réparation qui leurs sont proposées : quel mécanisme intime les en écarte ?

Les « canards »

Épaules rentrées, tête baissée, regard sournois et mine renfrognée, personne n'aurait parié grand-chose sur la capacité de William à s'engager dans une démarche de réparation tant il semblait rétif, suspicieux, agressif et mal dans sa peau. Les autres ne l'intéressaient pas ; il n'avait rien à dire concernant des délits qu'il banalisait en ricanant.

Il s'était introduit dans plusieurs maisons du quartier pour y dérober de l'argent, des bijoux, mais aussi de la lingerie, des photos... Lors des entretiens, l'éducateur perçut, derrière les provocations du gamin, une profonde solitude que confirmait sa situation familiale.

William vivait seul avec sa mère, dépressive, qui ne lui parlait presque jamais sinon pour lui reprocher de trop manger, de faire trop de bruit et de trop grandir. En effet, la puberté avait brutalement transformé l'enfant qu'il était en adolescent poussé trop vite qui ne savait pas quoi faire de son corps. William confia à plusieurs reprises combien la vie à la maison l'étouffait. Il est possible que les incursions dans des domiciles inconnus lui aient donné le sentiment d'explorer l'univers étrange de l'intimité des autres, peut-être pour apprivoiser ses propres changements intimes.

La mesure de réparation qu'on lui proposa consista à passer quelques-uns de ses samedis à donner un coup de main chez les pompiers. Il y découvrit un monde qu'il n'imaginait pas et qui le projeta loin de ses difficultés personnelles. Quand tout fut terminé, William avait changé phy-

siquement. Il s'était redressé, prenant même quelques centimètres dans l'aventure.
D'autres jeunes rédigent leur lettre d'excuses ou font leurs heures de travail dans une association sans paraître le moins du monde impliqués. Les éducateurs ont parfois le sentiment que la réparation a glissé sur eux sans les mouiller. Ces adolescents « canards », qui laissent couler l'eau sur leurs plumes et ne laissent rien deviner de leurs sentiments, montrent-ils les limites des expériences de réparation ? La réponse n'est pas aisée car, parfois, sous la surface de l'eau, les pattes peuvent s'agiter, même si on n'en voit rien.
Le travail éducatif a une caractéristique : on y voit les semailles et rarement les moissons. On ne peut jamais être sûr qu'un jeune saura réellement bénéficier du travail qu'on tente de faire avec lui. Rien ne permet d'affirmer qu'un adolescent qui, comme William, se transforme physiquement dans cette aventure qu'est la réparation, aura accompli un travail psychique plus important et surtout plus durable que celui d'un « canard » au regard vide qui garde pour lui la maturation silencieuse qui le travaille. La façon dont il se saisit des propositions qui lui sont faites dépend de l'alchimie secrète de sa structure personnelle et de son histoire familiale, du tempo singulier qui est le sien.
Certains jeunes semblent toutefois rétifs à toute idée de réparation. Ils ne font pas semblant d'accepter mais, au contraire, proclament bien fort leur refus.

Les exceptions, ceux qui résistent à la réparation

Ils refusent la réparation, comme ils refuseraient toute autre proposition leur venant de la justice ou de la société. En fait, dans l'aventure qui les oppose à la loi, ils voudraient que soit reconnu leur bon droit. Ils ne volent pas mais récupèrent ce qui leur est légitimement dû, ou bien empruntent ce dont ils ont besoin. Convaincus qu'on leur doit beaucoup plus que ce qu'ils prennent, la seule réparation qu'ils envisagent est celle qui leur est due. Ils se vivent comme des victimes et ne peuvent en démordre. Ce sont des victimes étrangères à toute responsabilité !

Dans leur besoin de revanche, derrière l'avidité avec laquelle ils semblent réclamer des secours, des compensations ou de l'aide, des faveurs et des exemptions, se dissimule ce qui apparaît comme la revendication d'un privilège. Ce privilège, c'est d'être dispensé de se soumettre aux nécessités ordinaires de la vie collective ou familiale partagée, d'échapper aux limites et aux contraintes les plus élémentaires.

Une nouvelle figure de barbares ?

Les délits qu'ils commettent en témoignent et leurs discours le confirment, ils pensent avoir le droit de puiser dans les richesses exposées dans les magasins ou laissées dans les automobiles en stationnement. Ce n'est qu'un juste retour des choses : ils manquent de tout ; on leur doit tout ; on ne peut rien leur demander[1].

Apparemment confortablement installés dans leurs droits à nuire, ils ne paraissent pas déstabilisés par les actes qu'ils commettent. Jamais concernés par la douleur qu'ils infligent, ils présentent aux autres la surface dure de leur indifférence.

Celui qui prendrait ces comportements de prestance pour argent comptant serait certain d'avoir trouvé là une nou-

1 Voir François Dubet, *La galère. Jeunes en survie*, Fayard, 1987.

velle figure de barbares inquiétants, inéducables, sans intériorité, sans état d'âme, des jeunes pour qui la répression et la prison sont les seules solutions.
À la lumière des travaux de Melanie Klein, on peut supposer plutôt, comme le fait le psychanalyste Claude Balier[1], que l'acte qu'ils ont commis a pu réveiller chez eux d'intenses angoisses, bien trop menaçantes pour permettre une mobilisation des affects dépressifs propices au travail éducatif et thérapeutique. Prisonniers des angoisses archaïques, ils ne peuvent accéder au sentiment de la perte ni aux fantasmes de réparation. Ils restent enfermés dans le monde clos de la haine et du désir de revanche.
Comment ne pas penser à Richard III, tel que Freud le décrit[2], prisonnier de sa revendication d'un droit à la haine et à la revanche pour cause de préjudices injustes, anciens, congénitaux et infantiles ?

Comme si le malheur donnait des droits

D'après Freud, le fait de mettre en avant les souffrances passées permettrait de se dispenser des exigences actuelles, de refuser de se soumettre aux nécessités déplaisantes de l'existence. Pour cause de blessures d'enfance, les exceptions dont il parle et qui « comptent bien le rester » font comme si la loi symbolique s'arrêtait au seuil des blessures personnelles et comme si le malheur donnait des droits !
Certes, les malheurs passés expliquent les actes présents. Nul ne veut écarter l'argument des circonstances atténuantes. Le passé pousse le présent, il en est l'origine et l'explication. Mais en être la cause n'en donne pas le droit. Les souffrances anciennes peuvent expliquer les comporte-

1 Claude Balier, *Psychanalyse des comportements violents*, PUF, 1988.
2 Sigmund Freud, «Quelques types de caractère dégagés par la psychanalyse », in *Essais de psychanalyse appliquée*, Gallimard, 1975.

ments actuels mais ne peuvent dispenser personne de ses responsabilités présentes.

Les jeunes qui l'ignorent peuvent le découvrir. C'est le rôle des acteurs sociaux, celui de la justice et des éducateurs, de leur permettre d'en faire l'expérience, même quand leur vie, familiale, personnelle, puis scolaire et sociale, leur a fait croire le contraire.

Le fond de la démarche de réparation réside dans la conviction que chacun peut répondre des actes qu'il commet et des torts qu'il cause sans devoir payer ni le prix de sa liberté ni celui de sa dignité. Pour les jeunes, adolescents en cours de maturation personnelle et sociale, l'enjeu est énorme : il s'agit de voir ce que la communauté des adultes et l'organisation institutionnelle leur proposent lorsqu'elles les invitent à répondre de leurs actes.

Lors de leur rencontre avec la justice, quel monde intime va se réveiller ?

Une matière première dangereuse, la peur

Pour comprendre la force de la réparation, l'importance du processus qu'elle met en jeu dans la vie psychique, il importe de situer la matière première qui la constitue : l'angoisse, autrement dit la peur, la culpabilité sur fond de haine, le sentiment de naufrage imminent, l'approche de la destruction.

Melanie Klein en fit l'hypothèse, dès 1927, à partir de la notion freudienne de pulsion de mort[1]. Ses théories ont évolué au cours des années, se sont complexifiées, se sont contredites, et leur diffusion a participé à leur défor-

1 Voir Melanie Klein, «Contribution à l'étude de la psychogenèse des états maniaco-dépressifs » ; « Le deuil et ses rapports avec les états maniaco-dépressifs », in *Essais de psychanalyse* (1921-1945), Payot, 1982. Voir aussi *Envie et gratitude* (1957), Gallimard, 1988.

mation[1]. Toutefois, malgré ces difficultés, de nombreux cliniciens ont fait l'expérience de l'utilité technique de l'approche kleiniène dans le travail avec des délinquants ou des jeunes violents. Travaillant en milieu carcéral, Claude Balier a montré comment les fantasmes destructeurs pouvaient habiter le monde souterrain des jeunes criminels, les rendant tout à la fois vulnérables et dangereux[2].

Face à la violence que chacun porte en soi, les fantasmes réparateurs inconscients sont les seuls à pouvoir agir. Ils sont les seuls opérateurs susceptibles de reconstruire le monde que les attaques fantasmatiques de violence et de rage ne cessent de détruire. En agissant sur l'angoisse, ces fantasmes transforment son énergie en capacité d'agir, en force de créativité, en potentiel d'apaisement. Lorsqu'ils peuvent se développer, ils permettent de dépasser la haine et la violence, de puiser dans cette énergie pour renforcer la capacité d'agir sur le cours de la vie.

Tout commence par la mère

Monde de l'enfance ou monde actuel, au niveau inconscient, le monde chez Melanie Klein, c'est d'abord la mère. Tout commence par la mère. Elle est le premier destinataire de mouvements d'amour et des poussées de haine. Première aimée, première attaquée, elle est la première à être détruite et à être réparée. Encore faut-il qu'elle puisse l'accepter.

Si elle peut accepter d'être détruite et d'être réparée par les projections fantasmatiques de son enfant, elle lui offrira

1 Voir Jean-Michel Petot, *Melanie Klein, premières découvertes et premier système 1919-1932* et *Melanie Klein, le moi et le bon objet, 1932-1960*. Paris, Dunod, 1985. Voir aussi Hannah Segal, *Introduction à l'œuvre de Melanie Klein*, PUF, 1964.

2 Voir Claude Balier, *Psychanalyse des comportements violents, op. cit.*

un monde sur lequel il peut agir, donc sur lequel il peut compter.

Or la mère n'est pas toujours suffisamment protégée elle-même de sa rage et de ses deuils pour accepter les offrandes réparatrices de son enfant. Si elle est aux prises avec ses propres monstres et étend sur le nouveau venu sa haine et ses peines, elle restera hors de portée des fantasmes réparateurs de l'enfant. Il pourra toujours essayer de la réparer, ses projections seront sans effet et n'engageront aucune interaction positive avec elle. Incapable de réparer sa mère, il sera impuissant à agir sur le monde.

De tels scénarios n'ont rien d'exceptionnel. Dans l'univers psychique inconscient des adolescents, quand les émois de l'enfance première se trouvent chamboulés et réveillés par les réorganisations œdipiennes de la puberté, trouver ces interactions positives peut être particulièrement difficile.

Le monde où règne l'envie

Dans le monde de Melanie Klein, « l'envie est le sentiment irrité qu'une autre personne possède quelque chose de désirable et en jouit[1] ».

C'est un poison corrosif qui s'attaque, très tôt, à la source même de la vie. Forme première de la pulsion de mort, elle s'en prend à la mère, corne d'abondance de tous les biens. Si cette mère-là, qui ignore le manque, ne donne pas tout, c'est par pure cruauté ; raison de plus pour l'attaquer, pour lui prendre ce qu'elle refuse de donner, ou détruire ce qu'elle garde pour elle ou pour d'autres.

Pour celui que travaille l'envie, adolescent ou adulte, la moindre des frustrations de l'existence prend l'allure d'un

1 Melanie Klein, *Envie et gratitude*, *op. cit.*

véritable préjudice. Il ne peut même pas profiter de la vie. L'ombre de tout ce qui lui fait défaut gâche le moindre de ses cadeaux. Tout don, reçu ou donné, devient suspect. Toute gratification, progrès, plaisir peut provoquer chez lui un sentiment d'agression ou de persécution, car le fait même qu'il soit possible signale qu'existe une source infinie de satisfactions dont il est exclu. Ainsi, le don devient privation, menace, agression. Rien ne peut venir adoucir la violence qui le ronge. Aucun recyclage ne semble possible. Aucune gratitude ne peut être éprouvée.

Au début de l'existence, pour dépasser le règne de l'envie, il faut pouvoir concevoir la mère comme une personne, bonne et mauvaise à la fois, faillible et ambivalente. Autrement dit, une mère « suffisamment bonne », comme dirait Winnicott, destructible et réparable. En fait, c'est toujours la mère qu'on répare.

Les chemins de la résilience

C'est une demeure bourgeoise transformée en centre d'action éducative, dans la banlieue parisienne. De l'extérieur, rien ne la distingue des autres villas de la rue. À l'intérieur, rien ne la différencie des autres maisons que la Protection judiciaire de la jeunesse met à disposition des services éducatifs pour les prises en charge en milieu ouvert, si ce n'est peut-être une ambiance sereine, des tapis fleuris, des gens détendus. On s'y sent bien.

La psychologue qui me fait visiter m'entraîne à l'arrière de la villa et me montre un jardinet impeccable. « On a partagé le terrain en petits jardins pour les gamins qui viennent au service. Ils ont aidé les éducateurs à défricher. Si tu avais vu avant, c'était une vraie jungle ! On ne pouvait pas mettre un pied devant l'autre par ici. Maintenant, chaque gamin a son carré et il fait pousser ce qu'il veut. C'est de sa responsabilité. »

Ce n'est qu'un bout de terrain défriché entre des HLM et la voie ferrée. Mais ce carré de broussailles transformé en jardin résume à lui seul ce que représente la démarche de réparation dans l'ordinaire de l'action éducative.

L'hypothèse transitionnelle

Concevoir un projet de réparation, c'est toujours, plus ou moins, passer par un jardin, un endroit qui n'est pas soumis à la « loi du plus fort », où l'on n'est plus en permanence menacé ni menaçant. Dans cet espace protégé, il est possible de faire un petit retour sur soi. Loin des compétitions et des surenchères, des menaces et du chaos, de la culpabilisation et de la honte, peut s'effectuer un voyage intime vers des mondes personnels, ignorés de tous et parfois de soi-même.

La proposition de réparation peut entrouvrir la porte de ce monde intime et créatif, ouvert vers les autres. Un monde qui ressemble à ce que les psychanalystes appellent l'aire transitionnelle[1].

Chacun connaît le nounours que l'enfant emporte partout avec lui ou réclame pour s'endormir. Ce peut être aussi un morceau de couverture, un chiffon déchiré, un bout de lange que les parents ne se risquent ni à changer ni à laver sans drame. Quand arrive la fatigue, un chagrin, un changement, l'enfant caresse le morceau de tissu, le hume, le renifle et pénètre à l'intérieur d'un monde qui n'appartient qu'à lui. Là, il sera consolé, apaisé, protégé.

1 D. W. Winicott, «Objets traditionnels et phénomènes transitionnels », in *De la pédiatrie à la psychanalyse*, *op. cit.*

L'aire transitionnelle passe par là. Elle se niche dans le doudou d'un petit enfant, comme dans les petits jardins du Centre d'action éducative que nous venons d'évoquer.
Avant d'élire domicile dans la rêverie, le bricolage ou le tricot, avant même d'habiter dans un coin de couverture, un nounours, ou un pouce, l'espace transitionnel se déploie entre l'enfant et la mère. On peut dire qu'il se gagne sur l'enfant et sur la mère, et ajouter qu'il les enrichit et les prolonge tous les deux, qu'il les répare tous les deux.

Une machine à créer le monde

Renifler son doudou, habiller sa poupée, dessiner ou même parfois jouer à « rien », c'est réactiver la machine à voyager dans le temps, celle qui permet de plonger dans les mondes intimes pour s'y ressourcer. À l'âge tendre et à tout âge ensuite, on prend l'espace transitionnel comme on prendrait n'importe quel véhicule, tapis magique, lampe merveilleuse, carrosse ou balai, pour voyager dans l'au-delà et en revenir apaisé, transformé.
C'est parce qu'il est créé par l'enfant et qu'il est constitué de mère, qu'il est complexe, sensoriellement complet, qu'il s'enrichit ou s'abandonne à loisir, qu'il se contrôle à volonté et accueille tout rêve et toute attente, que l'espace transitionnel peut venir se nicher dans n'importe quel objet facile à manipuler, tendre et doux, odorant et lisse, puis dans n'importe quelle occupation qui permet de rêver librement, de se sentir en paix, actif.
L'espace transitionnel habite de multiples sphères : le rêve, l'espoir, la lecture, l'art, la culture, l'étude, la lutte... Tout ce qui constitue notre capacité d'améliorer le monde dans la pensée en nous donnant la force et les moyens d'en réaliser quelque chose fait l'affaire. Créer le monde, le recréer, ne pas laisser les forces noires nous démolir, c'est faire avec

ce que le monde nous donne, et l'améliorer ; c'est faire avec ce qu'on est, l'assumer et en jouir.

Quand la réparation passe par ce jardin qu'est l'aire transitionnelle, elle devient créative et féconde. Sinon, elle ne peut que rester mécanique et conformiste. La réparation est transitionnelle, ou elle n'est pas.

Jardiner, cuisiner, bricoler, lire, coudre, broder un canevas, tricoter ou conduire sa voiture peut être fait de façon mécanique et utilitaire, ou créative, transitionnelle. Chantonner, fumer la pipe, siroter un bon vin, caresser un chat, nombreux sont les actes de notre vie qu'on peut faire compulsivement, ou qui peuvent nous ressourcer.

La pratique transitionnelle d'une activité donne prise sur le monde en lui ôtant une part de sa nocivité. Chacun de nous connaît la tentation de se glisser devant la télé et de laisser entrer dans sa tête un déferlement d'images et de sons. D'autres fois, on regarde avec intérêt un film, une émission ou un match. On regarde et on rêve, on apprend, on comprend, on participe, on éprouve. On pourrait dire de la télévision ce qu'on dit du nounours, du doudou ou du pouce : ce n'est pas l'objet qui est transitionnel, c'est l'usage qu'on en fait.

L'espace transitionnel que chacun crée et habite, façonne et partage, c'est le creuset où vient s'élaborer ce qui rend imaginatif. C'est là que l'enfant vient jouer paisiblement en présence de sa mère, puis en son absence, lorsqu'il l'a intériorisée. C'est là où, ne se contentant pas de fuir la réalité, le solitaire va pêcher, se repose et se ressource, là où sculpte l'artiste, là où rêve l'amoureux. C'est là que pleure l'enfant quand ça fait mal et qu'il sait pouvoir être consolé, là où il s'endort rassuré.

La pratique transitionnelle dans les institutions

Dans une institution, un foyer, une maison d'enfants, l'aire transitionnelle du jeu est l'espace psychique partagé par les adultes et les jeunes, quand leurs relations n'empruntent pas la voie des rapports d'autorité, de la contrainte ou de la séduction. C'est le domaine des échanges confiants, des activités ludiques et imaginatives. C'est là qu'éducateurs et jeunes rient sans se moquer, rêvent sans se fuir ; là où l'adolescent se confie sans renoncer à son intimité, où l'adulte rassure sans dominer.

C'est là que se règlent, on l'a vu, au fil des jours les nombreux petits conflits qui ne sortent pas du groupe et n'ont pas besoin d'être portés jusqu'à une instance institutionnelle ou judiciaire.

Tout éducateur, toute équipe, tout foyer, toute institution en bonne santé laisse se déployer ces espaces de jeu, d'imagination, d'inventivité, où les mineurs et les professionnels partagent du temps, des idées et des émotions. Cet espace psychique partagé est nourri par ceux qui y ont accès. Le génie éducatif le construit et l'enrichit grâce aux multiples inventions quotidiennes qui donnent de l'air à l'institution, soulageant les uns et les autres du poids de la vie collective et de la charge d'être eux-mêmes.

Heurts, frictions, désaccords, peines, chagrins, vexations, tout ce qui pourrait déclencher ou alimenter de la violence est souvent désamorcé par une réflexion, une boutade, une trouvaille qui va faire retomber ce qu'un comportement rigide aurait amplifié. L'art d'être éducateur en institution consiste à savoir trouver le mot juste et l'attitude adéquate, au bon moment ; c'est un art transitionnel qui se cultive sur fond de jeu intime, entre soi et les autres, entre la difficulté d'être et le besoin de donner, entre le mal de vivre et la nécessité de partager. C'est le creuset de l'humour qui permet de se supporter, le creuset de la réparation qui permet de supporter violence et dépression.

Les « réparateurs agréés »

Réparer, c'est assumer les vieilles douleurs, les transformer en souffrance et les élaborer, pour ne pas recommencer. Ce n'est ni oublier ni commémorer, c'est évoluer. C'est créer. C'est faire du neuf avec du vieux. Faire du don avec de la dette. Réparer, c'est sortir du gouffre de sa propre dépression par l'attention portée aux autres ; c'est accepter sa propre rage et en faire une force de travail.

Pour cela, il faut pouvoir s'accepter ni complet ni comblé ; ni enfant magique ni parent parfait. Il faut savoir reconnaître au manque sa place prépondérante et assumer d'avoir à payer le prix de tous les cadeaux, comme celui de toutes les carences. Il n'est donc pas inutile d'avoir l'œil lucide sur la rage si généralement partagée, de constater sa part de haine et de destructivité et de pouvoir l'accepter.

Il existe des « spécialistes de la réparation » qui semblent s'y adonner sans modération, sans espoir d'apaisement. Tout le monde connaît quelques grands blessés d'enfance qui traînent partout leur « gueule cassée », qui exhibent les cicatrices gagnées au front des guerres familiales ou des accidents de parcours les plus brutaux. Une partie d'eux-mêmes est restée au combat, a sombré dans un événement tragique, s'est bloquée dans un drame insupportable.

Il semblerait que la réparation, militante ou confessionnelle, associative ou bénévole, soit devenue leur raison de vivre, leur carte de visite. Ils semblent dépendants du besoin de donner comme d'autres de celui de paraître.

Ces grands réparateurs nous rappellent la fragilité et la complexité des mécanismes en question. « Faire réparation » aux autres de ce qui est abîmé en soi n'est pas toujours une garantie de réconciliation avec soi-même. La machine peut s'emballer et s'enrayer dans la répétition. Seul celui qui répare, ou éventuellement son thérapeute, pourrait débusquer, derrière l'apparente quête de réparation, la culpabilité qui ronge, le clivage qui maintient l'illusion et le déni qui pousse à la répétition. On n'est pas dans la réparation quand on est dans la répétition.

Le comblement du manque

La réparation prend souvent la figure généreuse de la compensation. On veut préserver ceux qu'on aime du sort difficile qui fut le sien et on déploie toute son énergie à compenser chez les autres ce qui nous a manqué.

On voudra, par exemple, garantir à ses enfants une existence où rien ne leur fera défaut, sur le plan matériel et affectif. Les manques seront comblés ou même étouffés dans l'œuf. Tout sera conçu et réalisé pour que la nichée ait une « enfance heureuse » sans privation, sans carence, sans frustration.

Le narcissisme parental, nous a montré Freud[1], vient se loger dans le fragile poupon immature et dépendant qui promet toutes les compensations, qui réanime tous les rêves d'omnipotence. Chaque nouvelle naissance est une nouvelle promesse, chaque nouveau-né est un messie. Pour certains parents, la naissance n'est qu'un recommencement qui leur donne la chance de pouvoir « refaire » leur parent, en mieux, de revivre leur propre enfance à travers celle de leurs enfants.

Ces enfances revécues par procuration n'ont que l'apparence d'un projet réparateur. Melanie Klein et Winnicott

1 Voir Sigmund Freud, «Pour introduire le narcissisme », in *La vie sexuelle*, PUF, 1969.

nous ont montré que la réparation s'étaie sur la reconnaissance de la réalité du manque. Réparer n'est pas combler, ni annuler. Pour qu'un véritable travail de réparation s'engage, sont nécessaires l'acceptation du manque et l'élaboration du deuil qui débouchent sur la création, sur l'altérité et non sur la répétition, que ce soit celle du même ou de son contraire.

Celui que l'horreur a atteint, surtout dans l'enfance, ne peut toujours porter sa part de responsabilité dans le malheur qui le frappe. Son histoire familiale et sa structure personnelle ne lui laissent pas toujours le choix. La part d'acceptation et de mise en cause personnelle qu'implique la réparation n'est pas toujours possible sans un soutien thérapeutique. C'est pourquoi la surprise vient de ceux qui n'ont jamais été aidés et qui, seuls, ont réussi la transmutation que d'autres recherchent désespérément.

L'énigme de la résilience

On parle aujourd'hui de résilience, de cette étrange capacité de certains enfants maltraités ou violentés à tenir le coup, de certains survivants à supporter leur « chance », de certaines victimes à survivre à leurs traumatismes. Dans un ouvrage consacré à ce thème[1], des cliniciens et des chercheurs, réunis par Boris Cyrulnik, évoquent les éléments constitutifs de la résilience. Nous y retrouvons beaucoup de points communs avec ce que nous avançons à propos de la réparation, lorsqu'elle est transitionnelle.

Ceux qui tiennent le coup, ceux qui survivent, sont ceux qui peuvent donner du sens à leur tragédie, qui peuvent en organiser un récit et trouver à qui en parler, qui peuvent

1 Boris Cyrulnik (dir.), *Ces enfants qui tiennent le coup*, Hommes et perspectives, 1998.

participer à une aventure sociale, qui peuvent se projeter dans un espace de créativité. La résilience, la capacité de survivre au pire, s'étaie sur des interactions complexes entre celui qui tente de survivre et son environnement ; elle naît de la possibilité d'établir un lien, même imaginaire, avec autrui, avec soi-même.

Ce que certains adultes nous disent ne serait pas contredit par quelques-uns des adolescents que nous avons évoqués ; quand on répare, on guérit. En tout cas, on survit.

William est sorti de la surenchère des délits et des provocations en rencontrant le monde actif et utile des pompiers ; le temps de broder un canevas, Suzanne a détourné sa violence d'elle-même ; Ali a pu défendre l'honneur de sa famille dans la dignité d'excuses mesurées... Pour eux, la réparation a permis d'échapper à l'engrenage du pire.

Elle permet de survivre au désastre qui engloutit celui que rongent la honte, l'humiliation et la haine de soi, ces terribles et paradoxales conséquences des traumatismes infantiles. Elle permet de se supporter survivant, de s'accepter vivant, de se vouloir vivant. Si elle le permet, c'est qu'elle donne accès à une réalité que le fantasme enchante au lieu de la noircir ; un monde transformé par la création et la volonté, où l'horreur est transmutée en capacité d'échange. Il n'est pas question de prétendre résoudre l'énigme de la résilience en imposant la réparation comme seule force de survie au pire, ni l'espace transitionnel comme seul chemin pour y parvenir. Nous avons toutefois été frappé par les similitudes qu'offrent ces trois domaines et par l'importance que peut prendre une démarche de réparation qui prend le chemin transitionnel de la résilience. Résilience, réparation ou espace transitionnel, la route de la survie, de la créativité et de la transformation du monde passe toutefois par un passage des plus difficiles : par soi-même. Ce passage est étroit, douloureux et bien gardé.

On comprend qu'il soit impossible, pour un jeune pris dans les rouages de la honte et du ressentiment, d'effectuer ce passage par lui-même, sans protection, sans accompagnement, sans attention. Par contre, si une réelle occasion de s'en sortir lui est donnée, il peut ne plus avoir systématiquement recours aux gestes de prestance agressifs, aux attitudes hostiles, aux passages à l'acte délictueux, aux violences multiples qui constituent son lot quotidien. En passant par les chemins de la réparation, par les jardins de la créativité, il peut rencontrer des figures de lui-même qui lui donnent envie de se battre contre la fatalité, qui lui donnent le courage d'agir et de changer.

Chapitre 5
De la honte au respect, la dignité retrouvée

Accompagné de deux de ses copains, Kevin se présente à 19 h 30 à l'entrée de la Maison des Jeunes où a lieu un repas de fin d'année. Les trois adolescents savent pouvoir trouver un éducateur avec qui ils sont en conflit. Ils sont décidés à lui « régler son compte ». Dans un premier temps, ils restent à l'extérieur, dans l'obscurité. On les invite à entrer dans la salle où se trouvent des jeunes et des adultes, dont l'éducateur en question. Ils acceptent et viennent s'asseoir au centre des grandes tables disposées en U, échangent des clins d'œil et des signes entre eux, lancent des regards narquois aux adultes présents. Le repas commence. Ils se jettent sur la nourriture, salissent tout autour d'eux, refusant de participer aux échanges avec les autres. Ils gâchent la fête et s'en réjouissent visiblement. Les éducateurs essaient de plaisanter gentiment, les autres jeunes se taisent. Au dessert, la distribution de cadeaux amène un peu d'apaisement. Remarques ironiques sur les sucreries qui leur sont offertes et qui sont toutefois acceptées. La situation risque de mal tourner, quand un adulte leur demande d'offrir à l'assemblée une démonstration de hip-hop. Un peu gênés au début, ils se mettent alors à danser. Tout le monde accompagne la démonstration en tapant dans les mains. Kevin est impressionnant.

À la fin, les trois adolescents viennent serrer les mains de tout le

groupe de jeunes et d'adultes, comme des vedettes saluant leurs fans. Ils vont même vers l'éducateur avec qui ils voulaient en découdre et qui a largement soutenu leur danse. Ils partent contents, remerciant les organisateurs de la bonne soirée qu'ils ont passée.
En racontant l'histoire, Jacqueline insiste : « Je t'assure, ils nous ont remerciés. Kevin souriait comme il ne le fait jamais, avec chaleur. Quand je pense qu'ils venaient tout casser. Et il y a eu cette idée : au lieu de les évincer, de leur demander de nous faire un spectacle. Tu vois, quand on commence à travailler sur la réparation, ça donne des idées. Non seulement cela nous a sauvé la fête mais Kevin n'a plus tout à fait été le même depuis. On voyait qu'il allait mieux. Il était devenu plus sûr de lui et moins agressif[1]. »

Un art de vivre ensemble

Beaucoup d'équipes éducatives cherchent à donner aux jeunes l'occasion d'expérimenter des actions de réparation, que ce soit en réponse à des crises personnelles ou pour régler des conflits internes. Les éducateurs connaissent mieux que quiconque les limites des sanctions disciplinaires. Ils ne peuvent ignorer les carences affectives et relationnelles des enfants et des adolescents, leur manque parfois dramatique d'estime d'eux-mêmes.
C'est pourquoi ils ont le souci de ménager leur narcissisme, même dans les temps de conflit et de crise. Amener les jeunes à respecter les règles, ou du moins à les reconnaître, peut se faire dans la dignité et le respect. Il n'est pas nécessaire d'humilier quelqu'un pour lui faire accepter la loi et lui faire découvrir l'échange symbolique qui organise l'humanité.

1 Jacqueline Chichignand, Rapport éducatif Sauvegarde de l'enfance, Chambéry, 1996.

La démarche de réparation engage un style de vie collective assez particulier. Elle fait vivre les règles et donne du sens aux interdits en les mettant en relation avec les personnes et avec les nécessités de la vie partagée. Ainsi, elle permet d'humaniser la loi.

Recyclage immédiat

Tous les éducateurs le savent, pour désamorcer une montée de rage, il est essentiel de trouver une parade rapidement. « Chaque fois que je voyais son visage fermé, hostile, avec deux grands plis de chaque côté de la bouche, je savais que ça allait barder. Alexandra pouvait déclencher la guerre dans le groupe. Elle était capable de mettre à feu tout l'établissement. Je n'avais qu'un moyen de la calmer, c'était de lui demander de m'aider[1] ».

Demander à un jeune de faire quelque chose pour la collectivité au lieu de le mettre dehors ou de le laisser détruire le groupe est une idée aussi simple qu'efficace.

Les institutions vivent de ces trouvailles. Elles se déploient dans la capacité d'inventivité des équipes et fonctionnent en utilisant l'aire transitionnelle : l'espace de jeu et de créativité, l'espace psychique partagé par les adultes et les jeunes quand leurs relations n'empruntent pas la voie des rapports d'obéissance.

La surprise joue pour beaucoup dans l'arrêt, parfois très momentané, il est vrai, du processus d'escalade de la violence. Le jeune qui « montait » comme le lait sur le feu se dégage de l'emprise de la frustration qui lui brouillait la vue et l'aspirait vers l'explosion. Il pense à autre chose, et si ce qu'on lui propose est valorisant et gratifiant, une part de sa rage peut tomber.

1 *Ibid.*

Anne semblait écrasée par la haine qu'elle ressentait pour son père et par son obsession de vengeance. Immobile, prostrée, elle ne faisait rien, ne disait rien, regardait les autres vivre, ne semblait concernée par rien d'autre que par sa douloureuse histoire. Un jour qu'il fallait accompagner les plus jeunes pour une sortie, l'éducatrice lui demanda de l'aider. Anne accepta docilement, sans un mot. Pour partir en promenade, elle dut cependant s'habiller. Une jeune fille lui coupa les cheveux ; une autre lui prêta une robe. Pour les remercier, Anne leur tricota à chacune une écharpe, événement qui fit découvrir à tous son habileté dans ce domaine. Un peu plus tard, l'éducatrice fit appel à elle pour aider une jeune maman qui n'arrivait pas à terminer un pull-over pour son enfant. Anne devint ainsi, au sein du groupe, la spécialiste du tricot. Au début, elle tricotait le visage fermé, les aiguilles hargneusement pointées vers l'entourage. Quand elle commença à offrir des écharpes à ses compagnes, elle devint peu à peu plus détendue, plus sûre d'elle-même[1].

Il est difficile de savoir quels sont les changements intimes qui ont pu s'opérer chez Anne pendant cette courte période. Elle ne s'exprima pas sur le sujet. Ce qui est sûr, les éducatrices en furent les témoins, c'est que, dans cette aventure, son comportement, d'agressif et défensif est devenu plus ouvert et plus actif, et cela, sans qu'on l'ait contrainte à dissimuler son potentiel de violence, sans qu'elle ait à renier sa rage et son ressentiment. Bien au contraire, le travail éducatif l'aida à prendre conscience de sa haine, de la valeur de celle-ci dès lors qu'elle était ca-

1 Anne-Marie Voltzenlugel, Rapport éducatif Sauvegarde de l'enfance, Chambéry, 1997.

pable de la transformer en actes créatifs, tournés vers les autres. La colère est aussi une force.

Haine de soi, agression de l'autre

Les équipes éducatives savent bien ce que la violence verbale des uns et le mutisme des autres impliquent de haine de soi. Certains s'infligent des scarifications, d'autres mettent le feu à leur matelas. Ils violentent leur corps, tout autant que leur environnement et ceux qui s'occupent d'eux. En s'attaquant aux adultes, ils les testent pour mesurer leur capacité de tolérance et de protection. Ils leur font payer le prix de leurs blessures passées et de leur confort actuel.
Cette mise à l'épreuve constante est épuisante, tout autant pour les adultes que pour les jeunes eux-mêmes. L'escalade de la violence est comme un cyclone dans lequel tout est aspiré, jeune, adulte ou institution ; on ne peut s'en dégager que par l'explosion ou par l'implosion.
Aux crises graves des adolescents — injures, cris, coups et blessures, saccage des locaux, fugues, tentatives de suicides ou accidents suicidaires — répond chez les éducateurs la multiplication des accidents de travail et des arrêts maladie, traduisant souvent la dépression, l'ennui, l'usure. Cette violence qui provient de l'histoire personnelle des jeunes peut parfois mettre en danger l'existence même de l'institution.

Mauvais objets, mauvais sujets

Beaucoup de jeunes souffrent d'un manque d'estime d'eux-mêmes. Qu'ils le camouflent ou l'affichent, l'image de déchets, d'incapables, d'assistés que leur renvoie la société leur colle à la peau.
Délinquants, ou simplement oisifs, ils ont mauvaise presse

et ne font rien pour améliorer leur image. Bien au contraire, adolescence et effets de groupe obligent, ils revendiquent cette identité détestable. Mauvais objets, mauvais sujets, comme dirait Freud, « ils comptent bien le rester[1] ».

Lorsque la justice se mêle de leur économie de survie, elle fait entrer la loi dans leur cité et dans leur famille. Elle y introduit les règles de l'échange symbolique entre les hommes. On comprend qu'il est essentiel à ce moment qu'elle ne véhicule pas l'arbitraire, le sadisme ou les règlements de compte, mais qu'elle accorde au contraire à chacun le respect qui lui est dû. Quoi qu'il ait pu faire. Démarche éthique, projet ambitieux, qui s'énonce plus facilement qu'il ne se réalise tant il rencontre de résistances, autant de la part des jeunes et des institutions que de leur environnement.

Stratégies d'adaptation

Toute stratégie éducative, sociale ou judiciaire doit composer avec ce constat : il est toujours plus facile de faire semblant de changer que de changer réellement.

On a vu que les conduites de conformisme et de faux-semblants étaient familières aux mineurs délinquants, comme à tous les jeunes en difficulté. Ce sont des mécanismes de défense très utilisés pendant l'adolescence, représentant de véritables stratégies d'adaptation.

Le nombre d'adultes illettrés attesterait, si c'était nécessaire, de la capacité de résistance à l'éducation que peut avoir un enfant ! Des jeunes, plus nombreux qu'on ne pense, réussissent à neutraliser les méthodes pédagogiques

1 Sigmund Freud, « Quelques types de caractère dégagés par la psychanalyse », *op. cit.*

les plus inventives en restant totalement imperméables au savoir qu'on veut leur inculquer. Faire semblant d'apprendre ou de comprendre est souvent la meilleure tactique pour celui qui veut qu'on le laisse tranquille et qui protège ainsi un minimum d'espace personnel.

À l'école comme plus tard, beaucoup d'enfants ou d'adolescents utilisent une énergie intense pour se protéger contre les tentatives éducatives qu'ils perçoivent avant tout comme la manifestation d'une volonté de pouvoir des adultes ou de l'institution.

Loin de les enrichir, cette dépense énergétique ne leur rapporte, à long terme, que des ennuis. Ils sont humiliés par le terrible handicap social que leur illettrisme représente ; ils souffrent de leur difficulté à s'exprimer, du rejet qui les accompagne, de la distance qui les sépare de la société.

Pour ne pas souffrir, ne pas penser

Certains mécanismes de défense appauvrissent le psychisme. Ainsi en est-il du clivage et du déni. Se cliver de la réalité — qu'elle soit extérieure ou intime —, la dénier permet de se protéger de ses atteintes. Pour éviter la souffrance, on s'enferme dans l'illusion.

Le déni et le clivage montent des murs d'ignorance et de protection qui laissent intacte la haine. Enclose et ainsi contenue, elle suinte et cherche à exploser ; elle épuise les forces de celui qui tente de colmater toutes les brèches. Elle le tue de l'intérieur.

Combien de jeunes rencontrés dans les foyers éducatifs et dans les institutions, combien de gosses en difficulté sont ainsi vidés par leur propre violence personnelle, attisée par la rigidité des procédures et l'obstination des professionnels à vouloir les « rééduquer » ? Les adultes cognent sur leur carapace, ce qui ne fait que la renforcer.

L'imagination de ces gosses est peuplée de figures violentes, démesurées, sans nuances, de monstres vindicatifs, sans pitié, sans espoir. Ces forces noires, issues de leurs angoisses les plus archaïques, ne sont pas humanisées par des relations de confiance, pas mises en jeu dans un espace transitionnel qui les apaiserait et les domestiquerait. La lecture, la musique, la culture leur sont bien souvent inaccessibles ; ils sont livrés au « prêt-à-digérer » des médias, de la télévision, des clips publicitaires.
La sanction est pour eux synonyme de répression, de vengeance, de représailles ou de talion. En fait d'échanges, ils ne connaissent que le marchandage, le chantage, la magouille ou la débrouille. Comme certains adultes, ils pensent que la sanction doit faire souffrir, que la peine doit être sévère, la faute rachetée, la culpabilité éprouvée, le pardon demandé. Ils ne sont pas prêts à deviner que la sanction peut être l'occasion de relever la tête.

L'équilibre entre donner, recevoir et rendre

Dans une institution scolaire ou éducative, comme dans tout groupe humain, la plupart des échanges sont déterminés par ce que Marcel Mauss a appelé les règles du « don », du *potlatch*[1], c'est-à-dire la triple obligation de donner, de recevoir et de rendre. Ces règles formelles, exprimées ou non dites, régissent les rapports entre adultes et enfants, mais aussi entre les adultes et les enfants eux-mêmes. La relation éducative est ainsi soumise à une sorte de structure d'échanges implicite qui contribue à maintenir l'institution, à en pérenniser le fonctionnement.
L'équilibre institutionnel dépend de la stricte distinction

1 Marcel Mauss, « Essai sur le don », in *Sociologie et anthropologie*, PUF, 1980.

des places de chacun et du respect des règles qui en garantissent l'ordonnancement. Ainsi les règles du don — l'équilibre entre donner, recevoir et rendre —, organisent et codifient les multiples transactions réelles, imaginaires et symboliques qui s'y développent. Le système génère de cette façon un cadre symbolique qui n'est pas exempt de rigidité : chacun a une place, une place qu'on ne peut lui prendre mais dont il peut difficilement s'extraire.
Il n'est pas surprenant que les règles en vigueur dans certaines institutions nous évoquent celles qui ont structuré nombre de sociétés dites « primitives » ou « traditionnelles » ; ce sont des règles de survie qui favorisent le maintien du système et sa reproduction en l'état. Ainsi, à l'instar de ce qu'on peut observer dans beaucoup de rapports sociaux, le *potlatch* institutionnel laisse parfois peu de chances aux jeunes de pouvoir échapper à leur statut d'assisté.
Objets de soin ou d'attention, objets à réparer, ils reçoivent ce qu'on leur donne, sans être réellement en capacité de rendre. Il leur est dès lors impossible d'accéder à la position de sujet.
Les jeunes connaissent d'ailleurs très bien cette logique. Ils jouent le jeu qu'on leur demande, occupent la place qu'on leur assigne, préférant celle de « mauvais objet, mauvais sujet » plutôt que de n'avoir aucune place du tout.
La proposition de réparation, qu'elle soit informelle ou instituée, leur permet de découvrir qu'ils ne sont pas toujours assignés à la place négative de celui qui reçoit les aides, les allocations, les actes charitables, de celui qu'on soutient et qu'on répare, de celui qu'on assiste, qu'on comprend, qu'on excuse, et qui doit être reconnaissant pour tout le mal qu'on se donne pour lui… Ils peuvent être également celui qui donne, celui qui crée, celui qui répare.

Le drame, pour celui qui reçoit sans pouvoir rendre, c'est qu'augmentent son sentiment de dette et d'inutilité, son impuissance et sa passivité. En corollaire montent la rage, le ressentiment et la dépression. L'accumulation des dettes favorise la honte, la révolte, la violence.

Que ce soit dans les règlements des conflits ou dans les réponses aux crises personnelles, l'introduction de la démarche de réparation dans les règles du jeu institutionnel permet d'enrayer la surenchère compétitive qui contribue à pérenniser le clivage entre assistants et assistés, actifs et passifs. En permettant de donner à celui qui est habitué à recevoir, la réparation établit un équilibre imprévu. Le jeune s'attend à ce que, à travers la sanction, il soit puni, brimé, rejeté. Il est au contraire gratifié, honoré, remercié. Qu'on ait mis autant de temps à comprendre la nécessité d'opérer un tel glissement peut sembler paradoxal. L'enjeu le plus vital, pour tout être humain, n'est-il pas d'éviter la position humiliante de celui qui ne peut rien donner et qui se voit englouti sous des créances insupportables ?

Pourtant, le catalogue des brimades et des humiliations à caractère prétendument éducatif pourrait être remis à jour après presque chaque visite dans une institution, lieu d'hébergement ou école [1]. L'humiliation et le chantage ne sont-ils pas, avec la séduction et les promesses, les techniques les plus anciennes et les plus performantes dans l'« art d'accommoder les gosses » ?

1 Voir Stanislas Tomkiewicz et Pascal Vivet, (dir.), *Aimer mal, châtier bien : Enquêtes sur les violences dans les institutions pour enfants et adolescents*, Seuil, 1991.

Indifférence et humiliation

Contrairement à ce que prétendent les nostalgiques de la « pédagogie noire » qui déplorent le « laxisme » et le « laisser-aller moral » de l'époque actuelle, il existe encore trop de lieux éducatifs où les brimades et les vexations sont tellement habituelles que personne ne semble plus les remarquer. À part ceux qui les subissent.

Plus sournoisement encore, l'indifférence ordinaire poursuit ses ravages. C'est un jeune mineur déféré au tribunal qui attend des heures qu'on le convoque pour un entretien. Un parent angoissé qui se morfond sur un banc dans un couloir de palais de justice. Ceux-là ne font l'objet ni de brimade ni de bavure. Ils sont les victimes ordinaires de certaines pratiques policières, judiciaires ou éducatives. Chaque professionnel doit bien sûr organiser ses rendez-vous, son emploi du temps, ses horaires de service en fonction de ses nécessités et des contraintes institutionnelles. Celui qui fait attendre pour un rendez-vous des parents et un mineur refuserait d'admettre la moindre trace de sadisme dans son comportement.

On peut toutefois comprendre que ceux qui patientent pendant des heures devant un bureau vide, comme ceux qui supportent qu'une conversation téléphonique privée interrompe leur entretien, ceux qu'on renvoie de guichet en guichet, ceux qu'on oublie de prévenir d'un retard, comme tous ceux qu'on tutoie, ressentent de l'humiliation devant ce qu'ils prennent, non sans raison, pour du mépris délibéré.

Difficile altérité

Il est pourtant facile d'imaginer la difficulté que représente le fait d'être convoqué par des instances officielles, alors qu'un drame personnel et familial se joue, qu'on est confronté à la honte, à la répétition, à l'amertume de l'échec.

On voit l'énormité de la tâche qui attend celui qui veut réapprendre à travailler avec les familles, étayer la fonction parentale, qui cherche à recentrer l'action éducative sur le respect dû à chacun, respect sans lequel ce que l'on appelle la « démission parentale » ne pourra que s'accentuer.

La plupart des jeunes délinquants ou des adolescents en difficulté sont extrêmement sensibles à l'indifférence ou au mépris qu'ils ressentent de la part de certains adultes, notables ou professionnels. Au point qu'il arrive que les blessures d'amour-propre qu'ils en ressentent les empêchent d'entendre les paroles qui leur sont adressées. Parfois, ils voient les lèvres du juge bouger mais sont trop blessés par son indifférence ou son mépris pour que son invitation à respecter la loi et à réparer la victime ait un sens.

Beaucoup de professionnels de la justice et de l'éducation veulent lutter contre les effets catastrophiques de ces petites humiliations quotidiennes en donnant au jeune et à ses parents la possibilité de garder la tête haute lorsqu'ils rencontrent la justice et même de retrouver l'estime d'eux-mêmes dans cette confrontation.

Perdre la face

« Les jeunes arrivent entre deux gendarmes après trois jours de garde à vue, racontait un éducateur lors d'un stage de formation continue au centre de Vaucresson[1]. Ils sont

1 Centre national de formation de la Protection judiciaire de la jeunesse.

sales, fatigués, dans un état souvent lamentable. En même temps, il y a les parents qui doivent généralement patienter trois ou quatre heures dans la salle d'attente, qui se présentent ensuite à l'éducateur, et qui eux aussi perdent la face. »
Le stage portait sur la place de l'amour-propre et de l'honneur dans les pratiques éducatives[1]. À partir d'une exploration des sociétés et des cultures où l'honneur et la honte sont des valeurs fondamentales, étaient explorés, à travers les injures, les insultes, les outrages et les jeux ostentatoires de surenchère et de compétition, les multiples aspects du rapport que l'homme entretient avec son image et avec la dignité de celle-ci.
Situations professionnelles de face à face, jeu subtil des codes et des précautions oratoires, exemples d'humiliations ressenties ou infligées : perdre la face, c'est voir dévoilé ce qu'on ne veut pas montrer. C'est perdre la maîtrise de son image. C'est être assigné à une place négative, insignifiante et méprisée. Perdre la face, c'est perdre son honneur et sa dignité.
C'est aussi perdre sa cohérence, son identité. Dans certaines sociétés, pour celui qui perd ainsi son identité, il n'est de réparation que dans la mort. Dans nos vies d'aujourd'hui, on sait combien peut nous être précieux ce qui permet de garder la tête haute, de sauver la face, de garder sa dignité, de retrouver l'estime de soi.
Les multiples formes que peut prendre la réparation ont en commun de ne pas en rajouter dans la honte et la culpabilité engendrées par certains actes. Sans tomber dans les effets désastreux du laisser-faire ou du laxisme, elles tentent de proposer une alternative aux brimades humiliantes, aux sanctions blessantes. Pour cela, elles doivent se

1 Voir Nello Zagnoli, Marcel Roux, *Ne pas perdre la face*, CNFE-PJJ, Vaucresson 1994.

frayer un chemin qui les éloigne de l'univers du châtiment qui purifie le coupable, des notions de rachat ou de salut, du monde de la faute et de la punition, de tous les mécanismes expiatoires et rédempteurs, pour s'enraciner dans l'espace social, laïque et solidaire de la citoyenneté.

Présenter des excuses

Pour beaucoup de jeunes, l'excuse n'est rien d'autre qu'une formalité d'usage courant, comme le fait de devoir ôter sa casquette en classe ou de frapper avant d'entrer. Ce n'est qu'une formule pour se faire accepter dans le monde des adultes, en montrant qu'on respecte leur territoire. Beaucoup de jeunes présentent des excuses comme ils présentent leurs papiers d'identité, par obligation, pour qu'on les laisse tranquilles.

Les excuses ont pourtant une fonction régulatrice essentielle dans toute société. On considère qu'elles permettent de rétablir un équilibre rompu[1] entre l'offenseur et l'offensé, l'agresseur et l'agressé. Présenter des excuses c'est, pour le coupable, solliciter la clémence de la victime, notamment afin d'éviter la surenchère de la loi du talion qui permettrait à celui-ci de réclamer sa part de vengeance.

Présenter des excuses, c'est un geste de conciliation que certains confondent avec une démarche de réparation. Tel n'est pas toujours le cas.

Pardon et réparation

Il ne s'agit pas de nier l'intention pacificatrice de celui qui présente ses excuses et encore moins le pouvoir de conci-

1 Voir Erving Goffman, *La mise en scène de la vie quotidienne*, Minuit, 1973.

liation dont dispose celui qui les accepte. D'ailleurs, si l'un et l'autre font une part du chemin, celui qui a le pouvoir de permettre la réconciliation, c'est celui qui accepte les excuses, l'offensé, la victime.

« On n'en parle plus. » Le litige est annulé, l'affaire est close. Celui qui rétablit l'équilibre rompu, c'est celui qui accepte la démarche de conciliation. C'est lui qui remet en état la relation, c'est lui qui a le pouvoir de pardonner.

En accordant son pardon à l'offenseur, l'offensé le rend quitte de ses torts à son égard. Le véritable acte réparateur, c'est donc le pardon et non la demande de pardon.

Le pardon est un acte intime qui suppose, de la part de l'offensé, la capacité de mener un travail de deuil et, de la part de l'offenseur, de reconnaissance de sa responsabilité. Au plan inconscient, le pardon est un processus psychique d'apaisement et d'acceptation de soi-même autant que de l'autre.

Réparation, conciliation et réconciliation

Proposer à un jeune ayant commis un délit d'écrire une lettre d'excuses à la victime de ses actes peut être une bonne stratégie de restauration du lien social. Mais cette démarche ne peut prétendre être un acte éducatif permettant une véritable restauration du mineur dans sa place de sujet qu'à certaines conditions.

La rencontre avec la victime ou l'envoi d'une lettre d'excuses ne peuvent avoir d'effet positif que sur des jeunes que leur environnement éducatif et parental aura rendu familiers à la démarche de réconciliation. Pour eux, la rédaction d'une lettre peut être l'occasion d'un retour sur eux-mêmes. Encore faut-il qu'ils aient les moyens d'assumer cette démarche personnelle, impliquant un moment de solitude.

Sinon, cette démarche ne sera qu'une parodie de conciliation et un véritable acte de soumission. Il est ici essentiel que le juge et l'éducateur prennent le temps d'un accompagnement et donnent au jeune quelques clés pour comprendre ce qui est en cause, afin qu'il se sente suffisamment en sécurité pour agir.

Dans le bureau du juge des enfants, au début de l'audience, les regards ne se croisent pas. Tête baissée, le jeune n'ose regarder la victime qui, elle, fixe des yeux ses mains ou le décor, ou regarde le juge avec appréhension. Ce n'est qu'après un long moment d'explications de la part du magistrat, de commentaires, de précisions, d'éclaircissements, que les nez se lèvent et que les visages s'ouvrent. Ensuite, lorsque le jeune peut formuler ses excuses et qu'elles sont reçues avec simplicité, les choses évoluent rapidement. Tous deux se parlent, interrogent le juge, échangent avec les parents... La discussion continue parfois dans le couloir et il arrive que tous quittent le palais ensemble.

Les éducateurs et les juges savent que sous le panache et l'air bravache de ces gamins, comme sous leur air docile et contrit, se cache une grande misère narcissique. Or nul ne peut réparer les dégâts causés par la haine de soi. Nul autre que soi-même.

Le travail de réparation permet le regret

L'intérêt des démarches de réparation indirectes, celles qui passent par un travail au bénéfice de la collectivité, c'est que le jeune n'est pas dépendant du bon vouloir de la victime pour que soit rétabli l'équilibre rompu de son fait. En participant à une activité sociale, humanitaire, soignante, en faisant quelque chose d'utile pour la communauté, il agit sur le groupe et donne de lui-même sans devoir faire amende honorable pour autant. Il fait. Acte pour acte : voilà le premier message que tous comprennent. La question de l'intériorité se jouera peut-être plus tard, ailleurs et autrement.

Il n'est pas nécessaire de regretter ses actes pour s'engager dans la réparation. Ce qui est nécessaire, c'est de reconnaître sa responsabilité dans l'acte en cause, de reconnaître le préjudice infligé et d'accepter d'avoir à en répondre par une action au profit de quelqu'un. Si la conséquence en est le regret, c'est que le travail psychique de réparation aura été réalisé et que l'acte réparateur aura permis au jeune de mettre en œuvre ses capacités de sollicitude, sans crouler sous le poids de ses propres angoisses.

Le regret n'est constructif que lorsqu'il permet à celui qui l'éprouve d'avancer, de faire le deuil, de s'accepter ; sinon, il est stérile, nostalgique, dépressif, masochiste, lancinant, et tend à maintenir les choses en l'état plutôt que de les faire bouger. Véritable niche à répétition, il pousse au retour de l'identique, et n'invite pas au changement.

Seule la réparation peut donner sa dimension positive au regret. En libérant une charge d'émotion qu'elle permet de ressentir, puisqu'elle peut la transformer, la réparation rend l'angoisse supportable. Ce faisant, elle dévie la force de répétition et oriente son énergie vers l'invention, l'innovation.

Le temps réparateur

Dire que la réparation peut précéder le regret, ou que celui qui pardonne est celui qui répare, n'est un paradoxe qu'en apparence. Le temps psychique se joue du temps chronologique et de très nombreuses interactions nouent les fils et tissent la trame de l'échange réparateur. Même la capacité de faire semblant, qui est souvent le principal obstacle à la réparation, est un mécanisme de défense qui peut tomber s'il devient inutile.

Il peut arriver que le jeune qui fait réparation à quelqu'un par conformisme ou pour avoir la paix rencontre un peu de lui-même pendant le temps qu'il passera à concevoir et mettre en œuvre sa réparation. Si l'espace judiciaire et éducatif qui le soutient le lui permet, il peut être amené à passer par l'aire intermédiaire que l'éducateur lui prête pour penser sa réparation. Ce faisant, il s'y ressourcera suffisamment pour que la réparation, de mécanique et utilitaire, devienne transitionnelle. Ainsi le réparera-t-elle et il deviendra peut-être capable d'éprouver les regrets qu'il exprime.

En fait, le véritable élément réparateur, c'est le temps qu'il passera à imaginer la réparation possible. Ce temps-là, temps logique et non chronologique, lui permettra de tester sa capacité fantasmatique et de rencontrer les effets de ses projections réparatrices sur ses imagos internes.

Temps protégé de l'espace transitionnel, temps limité de la relation éducative, le temps de la réparation peut, comme tout temps psychique, venir se déployer dans la longue durée d'une prise en charge, ou se caler dans le temps bref d'une mesure pénale. C'est le temps de la transformation de l'angoisse en création, de la dette en don, de la haine en pardon.

Chapitre 6
La restauration du lien social : de la famille à la citoyenneté

Quelques mois plus tôt, ce centre municipal d'une ville moyenne a été le théâtre de vols et de dégradations multiples. Pôle de ressources pour tous, lieu d'information et de conseil, le centre est un lieu d'accueil culturel et social très investi par la population du quartier, en particulier par les plus démunis. L'enquête de gendarmerie établit la participation, à des degrés divers, de dix-sept jeunes, dont Frédéric, Philippe et José, trois adolescents de la commune, âgés respectivement de dix-sept, treize et quatorze ans.

Lors des entretiens avec les éducateurs, les trois jeunes déclarent avoir agi par vengeance. Ils font partie d'un groupe qui, parce qu'il n'obtenait pas de réponse favorable à une demande de local pour préparer un concert, a utilisé la cantine du centre municipal pour se réunir ; certains jeunes ont à cette occasion dérobé de la nourriture et commis des dégradations.

Le maire, sollicité par le tribunal, accepte que les auteurs puissent réparer leurs exactions en travaillant pour la collectivité.

Parmi les jeunes mis en cause, Frédéric considère ces méfaits comme appartenant à une période particulièrement difficile, durant laquelle il ne maîtrisait pas le cours de son existence. Il souhaite ne pas être jugé sur ce qu'il considère comme un accident lié à une période révolue. Il se trouve par ailleurs mis en cause

dans une autre procédure pour des graffitis. Il est très favorable à la mesure de réparation. Le second, Philippe, dit avoir été entraîné par les autres et affirme n'avoir pas commis beaucoup de dégâts. Il est assez réticent vis-à-vis de la mesure qu'on lui propose, mais finit par l'accepter. Le troisième adolescent mis en cause, José, est poursuivi pour vol dans une autre procédure. Il a du mal à accepter l'idée d'une réparation, estimant que le centre les avait mal reçus et que la vengeance était juste. Ses parents ne se rendent pas aux convocations.
Sont proposées deux journées d'activité de réparation pour la collectivité locale. Deux animateurs municipaux et un agent technique sont associés à l'encadrement de ces journées. Frédéric participe avec succès à la remise en état d'un équipement sportif. Il se plie rapidement aux exigences du travail demandé et s'en acquitte facilement.
Le premier jour, Philippe a fait ce qu'on lui demandait, bien que sans empressement. José est arrivé avec un gros retard et a été renvoyé chez lui. Le lendemain, ni lui ni Philippe ne se sont présentés.

Au-delà du sentiment d'insécurité qu'elle génère et du doute qu'elle fait planer sur la capacité éducative de la société, si la délinquance juvénile dérange tant, c'est qu'elle se voit. Elle provoque des nuisances quotidiennes, elle use, se répète ; elle fatigue. Elle devient un élément de la vie ordinaire des cités. Les actes délictueux commis par les jeunes s'attaquent aux personnes avec qui ils vivent. Les mêmes lieux sont fréquentés par les délinquants et par les victimes. Les jeunes, qu'ils soient délinquants ou pas, font souvent partie des mêmes bandes.
Les actes de délinquance commis par des jeunes ont ainsi une dimension paradoxale : à la fois antisociale et inscrite au cœur de la cité. En ce sens, on pourrait dire que l'acte

de délinquance peut être considéré comme une manifestation de l'adolescence : une tentative maladroite pour établir une relation directe avec la société, ses institutions, sans passer par la famille et par l'école. De cette façon, l'acte de délinquance renvoie parfois, paradoxalement, à une volonté d'autonomie. Pour certains, les premiers délits se feront en groupe, montrant combien le passage de la famille à la société ne se fait pas facilement sans la protection rapprochée de quelques pairs.

Rupture et réconciliation

Acte personnel, tentative avortée d'autonomie et de rupture avec la famille, le délit amène une réaction sociale dont la portée symbolique dépasse largement la sanction, qu'elle soit pénale ou qu'elle se traduise par une simple réprimande et la réprobation de l'entourage. L'intervention du magistrat, qu'il soit procureur, juge d'instruction ou juge des enfants, répond aux actes de l'adolescent au nom d'une communauté d'adultes qui doit défendre les intérêts individuels et collectifs des personnes et la paix sociale.
C'est dans ce contexte que la mesure de réparation prend toute sa valeur. Sans culpabiliser et stigmatiser le « délinquant », la mesure de réparation prend au sérieux l'adolescent et ses actes de transgression ; elle ne le renvoie pas au seul verdict parental ou à un quitus judiciaire donné a priori. Surtout lorsqu'elle est indirecte, elle ouvre au jeune des portes d'accès à la société qu'il avait tenté de forcer.
Encore faut-il que la société et ses institutions comprennent la nécessité d'une telle démarche. Pour sortir de cette prison sans barreaux qu'est la culpabilité et le déni de ses responsabilités, le jeune doit avoir le sentiment qu'on attend quelque chose de lui. Sinon, comme l'enfant qui tend un dessin à sa mère pour se faire pardonner d'avoir déso-

béi et qui se voit rabrouer, il renoncera à toute velléité de réconciliation. Confirmé dans sa solitude affective, relationnelle et sociale, dans sa nocivité, il cherchera d'autres miroirs identitaires plus accueillants et plus stimulants, ce qu'il ne saurait manquer de trouver, auprès des bandes, par exemple.

Une des missions du travail éducatif consiste donc à faire de la réparation non pas le geste à sens unique d'un gosse qui se sent coupable ou qui craint représailles et prison, mais bien un échange, un geste de réconciliation réciproque, de créativité sociale.

C'est pourquoi il est important de ne pas se tromper d'enjeu. L'adolescent délinquant peut être amené à contribuer à l'apaisement social légitimement recherché. Mais il ne peut assumer seul la tâche de restaurer des liens sociaux de réciprocité oubliés par ailleurs. Autrement dit, il ne peut réparer ni une victime qui le refuserait ni une société qui se désintéresserait de lui. Aucun adolescent délinquant, quand bien même le voudrait-il, ne peut accomplir seul une démarche de réparation. Quel qu'en soit le cadre, la réparation implique de l'échange, de la réciprocité, du lien.

Réciprocité et échange

Une journée chez les pompiers ou dans un centre social, des heures de travail pour une mairie ou pour une association, un mur à repeindre ou à décorer d'un large graphe coloré : on demande au jeune de faire quelque chose d'actif et de positif pour répondre des actes négatifs qu'il reconnaît avoir commis. En indemnisant, réparant, donnant de son temps, en travaillant, il devient un acteur de sa propre vie et un partenaire dans la vie des autres.

Une des originalités des mesures de réparation, et non des

moindres, consiste en ce que les propositions qui sont faites aux jeunes impliquent de nombreux acteurs : victimes et parents certes, mais aussi, plus largement : usagers, justiciables, élus locaux, associations. C'est ainsi que les mesures de réparation pénale ordonnées par le parquet sont souvent inscrites dans le cadre de contrats locaux entre divers partenaires. Autour du procureur, s'organise tout un réseau comprenant, par exemple, la police, qui peut être à l'origine de la suggestion de réparation, la Protection judiciaire de la jeunesse ou des associations de « médiation-réparation », qui assureront l'étude de faisabilité et mettront en œuvre la décision, la municipalité, les associations et institutions qui accepteront d'accueillir le mineur pour que se réalise une mesure de réparation indirecte.

Parfois ces dispositifs s'organisent dans le cadre de la politique de la ville. Des conventions sont alors établies entre la justice et les communautés locales, les associations[1].

Par cercles concentriques, la réalisation d'une mesure de réparation peut toucher tout un quartier, une cité. Elle peut réactiver la fonction éducative de la société et engendrer même, en son sein, un désir d'étendre les liens de réciprocité et de solidarité.

1 On peut ici évoquer trois exemples. Le conseil communal de la Prévention de la délinquance de Cergy-Pontoise et la Direction départementale de la Protection judiciaire du Val-d'Oise organisent un réseau partenarial de prise en charge et de suivi des jeunes en difficulté. La ville de Cergy, « dans le cadre de sa politique de prévention sur le territoire communal et de participation à la justice de proximité, se propose d'accueillir au sein de ses services municipaux des jeunes confiés par l'autorité judiciaire aux services de la PJJ du Val-d'Oise en vue d'y effectuer une mesure de réparation ».
La commune d'Évry et les institutions judiciaires ont établi des conventions pour la mise en œuvre des mesures de réparation pénales. « Les postes proposés par la collectivité locale sont : les services techniques, voiries, peinture, électricité, garage ; les services de sports, espaces verts, gymnases, terrains sportifs ; la restauration centrale, magasin et manutention. Les postes sont adaptés aux mineurs et ils ne nécessitent pas l'utilisation de machine à moteur. »
L'association Pégase, créée à Nanterre, se propose, entre autres objets, de « mettre en place à partir des maisons de justice, sur demande du juge des enfants, de la PJJ ou de la Direction de la vie sociale, des actions de prévention, de médiation ou de réparation diligentées par les membres de l'association agissant en qualité d'adultes relais, en direction des mineurs en difficultés ».

Réprimer la délinquance, socialiser les délinquants

Suite à l'explication d'une éducatrice sur la mesure de réparation, le président d'un club de football a non seulement accepté la proposition de prendre avec lui le jeune Quentin quelques samedis, mais il a indiqué que si la mesure se passait bien, le club pourrait aider le jeune à réaliser une formation pour devenir encadreur sportif[1].

On peut espérer que ce genre de propositions se multipliera et que, à travers les activités de réparation, les associations, les municipalités et l'ensemble de la société civile regarderont les jeunes d'un œil moins méfiant.

Ce pari est loin d'être encore gagné. Percevoir les manifestations de délinquance juvénile comme des signes de détresse personnelle et familiale est généralement réservé au petit monde des cliniciens et des travailleurs sociaux ; y déceler la marque d'une défaillance des institutions et une responsabilité collective est encore plus rare. Il est plus facile de chercher des coupables dans les familles que de reconnaître les failles de l'organisation sociale.

Un tel point de vue n'implique en aucun cas qu'il faille traiter tous les problèmes personnels et familiaux d'un jeune avant de lui demander de répondre des délits qu'il commet ! Il suppose, par contre, de cesser de rêver à ces solutions illusoires consistant à enfermer les jeunes délinquants dans des lieux carcéraux isolés du monde.

De nouvelles compétences institutionnelles

Le travail éducatif avec des associations ou des partenaires divers n'est ni une idée ni une pratique nouvelle. Il existe

1 Voir Joëlle Bordet, études de cas, réparations mises en place dans le Val-d'Oise, 1997.

de nombreuses associations qui contribuent depuis longtemps, de façon directe ou indirecte, à l'insertion des jeunes et à la lutte contre la délinquance. Leur collaboration à une réflexion sur la démarche de réparation est indispensable. Leur expérience et leur implication dans la société civile peuvent permettre que l'intervention judiciaire, via la mesure de réparation, sorte du huis clos de la relation duelle « justice-mineur », dépasse l'aspect strictement punitif de la répression de la délinquance et intègre les données éducatives de la sanction.

Dans le même esprit, la réalisation d'une mesure de réparation engagera les institutions à travailler avec des partenaires qui ne sont ni des professionnels de la justice ni des spécialistes de l'éducation ; elle les amènera à changer de regard sur les jeunes, les impliquant dans la question générale de leur éducation.

Chez les pompiers, dans les maisons de retraite, dans les services techniques des municipalités, des adultes qui n'ont pas de vocation éducative particulière vont découvrir les jeunes dont parlent les journaux sous un angle différent. Ils seront conduits à concevoir le délit et la sanction dans un autre esprit.

La question de l'indication

Pour que la mesure de réparation indirecte tienne ses promesses, le suivi des professionnels spécialisés dans le travail avec les jeunes délinquants est essentiel. En effet, si l'encadrement éducatif laisse à désirer, la charge reposant sur les ouvriers municipaux ou les agents techniques sera insupportable. Le président du club de foot, l'employé municipal, le brigadier de la caserne de sapeurs-pompiers ont autre chose à faire que de forcer à travailler un jeune récalcitrant. L'expérience des éducateurs donne aux tribunaux la possibilité d'affiner l'indication de réparation en envisageant, par exemple, de privilégier la réparation indirecte pour un jeune suffisamment motivé et structuré. Sont à examiner son potentiel d'adaptation aux règles d'une collectivité sociale organisée, son désir de participer à un projet et son aptitude à en percevoir le sens. Si ces éléments font défaut, une autre mesure éducative peut être envisagée.

Chaque fois que des études de cas sont réalisées, elles montrent combien il faut être vigilant pour que les exigences de réconciliation sociale n'écrasent pas l'objectif éducatif. Les pratiques un peu trop systématiques de certains parquets qui confondent mesure de médiation et mesure de réparation ne sont pas les seules à poser la question de l'indication de réparation. La réticence de certains magistrats qui refusent d'expérimenter cette voie nouvelle n'aide pas à résoudre les questions qu'elle génère.

Tant qu'elle restera utilisée de façon trop limitée et partielle, la mesure ne pourra faire la preuve de sa réelle utilité éducative ; elle ne pourra donc convaincre ni proposer une alternative crédible aux vieilles solutions répressives.

Conclusion

À Marseille, dans la cité Bellevue, au milieu des voitures et des mobylettes, étincelle, blanche et brillante sous le soleil, une gracieuse colonne de pierre d'Oppède sculptée. Posée sur un socle, la sculpture s'élève en couronne sur trois étages. On y voit des personnages qui se tiennent la main et qui portent, tout en haut, un fronton sur lequel est inscrit le mot « fraternité ». L'édifice illumine le quartier Saint-Mauront. Il n'est pas tagué, n'a subi aucune dégradation depuis qu'il a été installé en juin 1997 au milieu des HLM.
La sculpture a été réalisée par des jeunes, filles et garçons, dans le cadre d'une mesure de réparation coordonnée par deux associations marseillaises s'occupant de la réinsertion de mineurs délinquants[1]. Inspirée d'un croquis de Picasso qu'ils ont modifié par des apports personnels, c'est une création authentique qui a demandé aux jeunes d'apprendre à manier la massette, le ciseau à pierre, le marteau, le ciseau compresseur et le burin.

1 Voir Nicole Versi, Georges Tzortzis, « La réparation pénale à l'égard des mineurs, mesure judiciaire à caractère éducatif », Marseille, Ars, janvier 1998.

Lorsqu'elle a été achevée, Aïcha, Brigitte, Lynda, Samira et Amar ont offert leur sculpture à la municipalité de Marseille.

Plutôt que de laisser faire les jeunes délinquants, de les incarcérer ou de leur infliger des sermons qu'ils ne comprennent pas, la justice peut aujourd'hui leur proposer une mesure de réparation. Cette mesure, pénale et éducative, vise à la fois la réparation du mineur et celle de la victime, la restauration de la fonction parentale et celle du lien social. Démarche laïque, sociale, civique, la mesure de réparation permet de sanctionner les délinquants et de limiter les récidives, en socialisant et responsabilisant les adolescents sans les culpabiliser. Elle donne aux acteurs judiciaires et sociaux l'occasion de renforcer l'autorité parentale et de développer une responsabilisation des citoyens vis-à-vis de l'éducation des enfants et des adolescents.
La mesure de réparation permet d'humaniser la loi, d'améliorer la société en accroissant ses capacités d'ouverture et de tolérance tout en permettant aux jeunes de redécouvrir les principes du respect et de la dignité.
Elle se fonde sur une démarche personnelle créatrice et pacificatrice qui aide à transformer la haine, à dépasser la honte, à s'ouvrir aux autres.

Annexes

1
La justice pour mineurs : rappel de quelques principes

Tout au long du processus pénal, le mineur n'a pas affaire aux juridictions ordinaires mais à un magistrat spécialisé. En effet, l'ordonnance de 1945 a prévu pour lui un « privilège de juridiction », c'est-à-dire une spécialisation des lieux et des fonctions judiciaires. « Spécialisation et continuité personnelle qui sont incarnées dans la figure emblématique du juge pour enfants », comme le souligne Alain Bruel[1], président du tribunal pour enfants de Paris. Pour toutes les mesures concernant les mineurs, le juge pour enfants reste l'« unique maître d'œuvre[2] », même s'il n'est pas le seul acteur judiciaire car il doit prendre en compte les politiques pénales des parquets et les orientations données par le ministère de la Justice.

En fait, en matière de délinquance juvénile, le développement du pouvoir du parquet et du partenariat inter-institutionnel change parfois la physionomie traditionnelle de la justice des mineurs, centrée sur la figure tutélaire du juge des enfants.

Ainsi, les récentes directives de la Chancellerie incitent les parquets à orienter les procédures vers une réponse précise aux infractions commises par les jeunes, tout en requérant des mesures ou des peines adaptées aux mineurs. Quatre objectifs principaux sont proposés : « Apporter une réponse aux premiers faits de délinquance commis par les mineurs — Répondre rapidement à tous les faits de délinquance et assurer une continuité de l'intervention — Associer les familles et les ac-

1 Alain Bruel, « Évolution actuelle de la Justice des mineurs, sa place dans la cité », in *Le Temps de l'histoire*, CNFE-PJJ Vaucresson, 1998.
2 *Ibid.*

teurs sociaux concernés — Améliorer la coordination et la lisibilité de l'intervention des différents acteurs judiciaires[1]. »

Le parquet et l'instruction

La plus grande partie de la délinquance juvénile reste légère et occasionnelle, « plus de 70 % des infractions sont des vols simples, 68 % des mineurs jugés ne réitèrent pas, les remises à famille et admonestations constituent 60 % des décisions judiciaires[2] ». Ces caractéristiques de la délinquance des mineurs, qui contredisent les stéréotypes colportés par certains médias et responsables politiques, expliquent en grande partie le choix de privilégier les procédures souples et rapides à l'initiative des parquets.

On peut ainsi en résumer les étapes : le procureur de la République qualifie l'infraction dans le cadre des textes de loi et requiert auprès des juges l'application de la loi. C'est lui qui garde toujours l'opportunité des poursuites. Auparavant, la police aura constaté l'infraction, recherché l'auteur ou présumé auteur, l'aura arrêté et gardé à vue pendant le temps de l'enquête préliminaire (24, 48 ou 72 heures). Le présumé auteur de l'infraction devient un prévenu. À la demande du procureur de la République, la police peut rendre le jeune à ses parents. Elle peut aussi le déférer au tribunal pour enfants.

À ce stade de la procédure, les mesures suivantes peuvent être ordonnées :

« – Un simple avertissement délivré par un service de police ou de gendarmerie et notifié au mineur (...) ;

– un rappel à la loi effectué par le substitut spécialement chargé des affaires de mineurs ou par le délégué du procureur de la République ;

– un classement sous condition (appelé aussi « sursis à poursuites ») subordonné au respect de certaines obligations (...) ;

– une mesure de réparation (...)[3].»

Le mineur rencontrera un éducateur au Service éducatif auprès du tribunal[4] (SEAT), qui aura pour mission de faire le point sur sa situation personnelle, familiale, scolaire ou professionnelle et de proposer, si cela

1 Ministère de la Justice, circulaire relative à la politique pénale en matière de délinquance juvénile, 15 juillet 1998.
2 Denis Feuillard, « Projet de fonctionnement de la mesure de réparation ordonnée par le parquet à l'encontre des mineurs dans le cadre des contrats locaux de sécurité (CLS) », DD PJJ Hauts-de-Seine, 1998.
3 Élisabeth Guigou, circulaire relative à la politique pénale en matière de délinquance juvénile, 15 juillet 1998.
4 Service éducatif auprès du tribunal, dépendant de la Protection judiciaire de la jeunesse.

apparaît souhaitable, des mesures de protection, d'assistance éducative, de surveillance ou d'éducation en accompagnement de l'autorité parentale. Ses parents seront alors entendus par le juge. Il devra être assisté d'un avocat chargé de le défendre.
Le mineur peut être présenté pour être mis en examen à un juge des enfants, ou un juge d'instruction chargé des mineurs. Les magistrats vont instruire sur les faits reprochés mais aussi sur la personne du jeune. Pour cela, ils peuvent ordonner des mesures d'investigation : enquêtes sociales, investigation et orientation éducative, expertises psychologiques et psychiatriques, enquêtes rapides. Ces mesures seront confiées aux services de la Protection judiciaire de la jeunesse, ou à des experts auprès des tribunaux qui recevront les jeunes et leurs parents et rendront au magistrat un rapport dans le délai prévu dans son ordonnance.
Lorsque son instruction est close, le juge d'instruction renvoie le dossier au tribunal pour enfants qui aura mission de juger le mineur reconnu auteur des faits qui lui sont reprochés.

Le tribunal pour enfants

Le tribunal pour enfants, — composé d'un juge des enfants, président, et de deux assesseurs non professionnels, choisis pour l'intérêt qu'ils portent à la cause des enfants — peut prononcer des condamnations. Pour les mineurs de plus de treize ans, les peines suivantes sont possibles : la prison ferme, la prison avec sursis simple (cinq ans), la prison avec sursis de mise à l'épreuve (trois ou cinq ans avec soumission à des obligations prévues par le tribunal, sinon la peine est exécutée). Pour des mineurs de plus de seize ans, une autre peine est en outre prévue : le travail d'intérêt général (TIG), au profit d'une collectivité publique ou d'une association.
Toutes ces décisions sont susceptibles d'appel, mais le juge ou le tribunal pour enfants peuvent ordonner leur exécution provisoire. Ces décisions sont inscrites au casier judiciaire.
À l'ensemble de ces décisions s'ajoute maintenant la mesure de réparation, qui peut être proposée au mineur par le procureur de la République, par le juge des enfants ou par le tribunal pour enfants.
L'importance de la fonction du juge des enfants doit être à nouveau soulignée. Pivot des pratiques et des réflexions juridiques et éthiques concernant les mineurs, il occupe une place centrale dans le domaine de l'action éducative, pour les équipes qui la mènent et pour les mi-

neurs et leurs familles qui en bénéficient. Sa position dans le débat concernant la réparation est essentielle, ses réticences sont à prendre en compte.

Le juge des enfants

Philippe Chaillou décrit ainsi le rôle du juge des enfants[1] : « "Mon juge" est l'expression par laquelle l'enfant ou l'adolescent à la dérive désigne le juge des enfants qui s'occupe de lui. En général, ces gosses n'ont pas grand-chose à eux : pas ou peu de parents, pas d'amis, parfois pas d'endroit pour vivre. La société leur a donné un juge. Presque comme une preuve tangible de leur existence sociale et qui leur permet de se dire que, malgré toutes les bêtises qu'ils font, tout ce qui leur arrive, quelqu'un, un juge de surcroît, s'intéresse encore à eux. »

À la suite d'un délit commis par un mineur, le juge des enfants à qui le parquet transmet le dossier est amené à l'instruire, « à charge et à décharge », comme le fait tout juge d'instruction. À la différence de ce dernier, il sera cependant amené à le juger devant cette juridiction particulière qu'est le tribunal pour enfants. Il aura également à le suivre, comme le ferait un juge aux applications des peines. Il est ainsi, à la fois, juge d'instruction, juge de décision et juge d'application. C'est le « privilège de juridiction » : un même magistrat, connu du mineur et de sa famille, va intervenir tout au long de la procédure, au civil et au pénal, pour le protéger, pour le sanctionner.

Le jeune et ses parents peuvent donc non seulement connaître le magistrat qui prend les décisions les concernant, lui téléphoner, lui écrire, le rencontrer, mais garder contact avec lui pendant plusieurs années, jusqu'à la majorité de l'enfant, si le juge reste longtemps au même poste. Cette proximité de la justice la rend plus humaine, plus accessible et plus personnalisée, mais aussi, parfois, plus passionnelle.

N'oublions pas que le juge peut être rencontré par le mineur et ses parents à la fois pour des délits — ce qui peut entraîner des sanctions pénales : admonestation, liberté surveillée, mesure de réparation, détention, sursis, mises à l'épreuve, etc. — et pour des questions de protection, où l'aide éducative peut prendre l'aspect du placement. Même s'il s'efforce d'obtenir l'adhésion de la famille, son intervention peut être vécue comme autoritaire, voire arbitraire. C'est ainsi que la

1 Philippe Chaillou, *Mon juge*, Le pré aux clercs, 1989.

question du débat contradictoire et de la place de l'avocat dans la procédure se trouve posée.

La question de la défense

Les juges doivent mener leur instruction en recevant les parents, père et mère, mais aussi en incitant les divers acteurs sociaux, les inspecteurs de l'Aide sociale, les éducateurs, ou les psychologues, à soutenir leur point de vue pendant l'audience[1].

Reste que l'intervention de la justice, mesures de réparation inclues, ne peut se concevoir sans la présence de la défense, comme l'indique la circulaire du garde des Sceaux du 11 mars 1993 : « Il appartiendra aux magistrats du parquet qui envisagent de recourir à une mesure de réparation dans le cadre de l'exercice de leur pouvoir d'appréciation des suites à donner aux procédures qui leur sont soumises, d'avertir le mineur et ses parents de la possibilité qui leur est offerte de consulter un défenseur avant d'exprimer un quelconque accord...»

Si les poursuites sont engagées, l'ordonnance du 2 février 1945 faisait déjà du recours à un avocat une obligation[2]. À défaut de choix par le mineur ou par ses représentants légaux, un avocat d'office sera désigné à la requête du procureur de la République, du juge des enfants ou du juge d'instruction.

L'avocat de l'enfant devient maintenant un partenaire de l'action éducative ordonnée dans un cadre judiciaire. Par le rappel constant qu'il fait aux praticiens des droits des mineurs et par le souci qu'il a du respect des procédures, il participe à la clarification et l'explicitation des décisions, tout autant qu'au respect des droits de chacun. On comprend donc que sa présence fasse cruellement défaut dans certaines mesures de réparation à l'initiative du parquet[3], comme celles qui sont mises en place par les délégués auprès du procureur dans le cadre des classements sous condition.

1 Voir Alain Bruel, *op cit*.
2 René Marty, « Note de mise en œuvre des mesures de réparation », Val-d'Oise, juillet 1995.
3 Jean-Jacques Deswarte, « La pratique de l'ordonnance de 1945 du côté du prétoire », in *JDJ*, n° 141, 1995.

2
La mesure de réparation pénale : résumé et principes

« Le procureur de la République, la juridiction chargée de l'instruction de l'affaire ou la juridiction de jugement ont la faculté de proposer au mineur une mesure ou une activité d'aide ou de réparation à l'égard de la victime ou dans l'intérêt de la collectivité. Toute mesure ou activité d'aide ou de réparation à l'égard de la victime ne peut être ordonnée qu'avec l'accord de celle-ci.
Lorsque cette mesure ou cette activité est proposée avant l'engagement des poursuites, le procureur de la République recueille l'accord préalable du mineur et des titulaires de l'exercice de l'autorité parentale[1]. »

Objectifs

La mesure de réparation pénale a été introduite dans le Code pénal par la loi du 4 janvier 1993 (article 12-1 de l'ordonnance de 1945). Elle permet à la justice de proposer et d'ordonner, au mineur délinquant, une mesure ou une activité d'aide ou de réparation à l'égard de la victime qui y consent, ou dans l'intérêt de la collectivité. Pour le législateur, elle présente plusieurs intérêts, énoncés dans la circulaire du 11 mars 1993 : « – vis-à-vis des mineurs auteurs des faits, pour qui cette mesure, tout en étant une réponse pénale, revêt un caractère éducatif certain. Elle permet, en effet, de leur faire mieux comprendre la portée de leur acte, et s'appuie sur leur propre capacité à réparer le tort causé à la victime ;

1 Article 12-1, ordonnance du 2 février 1945. Loi du 4 janvier 1993.

– vis-à-vis des victimes, qui trouvent ainsi une réponse rapide et adaptée aux dommages subis ;
– vis-à-vis de l'environnement, qui peut être associé à la mise en œuvre de cette mesure, ce qui peut contribuer à modifier sa perception de la délinquance des mineurs[1] ».

Qui l'ordonne ?

La mesure de réparation pénale peut être ordonnée à tout moment de la procédure, soit à l'initiative du procureur de la République chargé des affaires des mineurs ou de son substitut, ou de son délégué, à celle du juge des enfants ou du tribunal pour enfants[2].
À l'initiative du procureur de la République, de son substitut ou de son délégué, elle prend place entre le classement sans suite et la saisine du juge des enfants et vise à donner une réponse immédiate aux actes de délinquance sans surcharger les cabinets des juges des enfants. En échange de l'accomplissement d'une réparation, le procureur peut renoncer à engager une poursuite pénale à l'encontre du mineur. Les réparations proposées dans ce contexte prennent souvent la forme d'excuses présentées à la victime, de remboursements ou de remises en état. Décisions judiciaires sans déclaration de culpabilité, sans avocat, et parfois sans que soit rencontré un magistrat, comme c'est le cas lorsqu'elles sont proposées par le délégué du procureur, ces mesures de réparation, les plus nombreuses, recueillent un grand nombre de critiques de la part des professionnels de la justice des mineurs et des praticiens de l'éducation.
Moins critiquées, mais aussi beaucoup moins nombreuses, sont les mesures de réparation ordonnées par le juge des enfants, soit dans son cabinet, soit au tribunal pour enfants. Elles prennent place dans la palette des décisions judiciaires possibles comme toutes les autres mesures éducatives dont peut user le juge dans un cadre pénal.
La réparation à réaliser — parfois chiffrée en nombre d'heures ou soumise à la discussion entre le jeune, ses parents, l'éducateur et la structure susceptible d'accueillir le mineur —, la tâche à accomplir, voire le projet réparateur ou la démarche de conciliation à mettre en place se-

1 Circulaire du garde des Sceaux du 11 mars 1993.
2 Voir Bernard Crequi, « La réparation pénale génère-t-elle de nouvelles pratiques éducatives ? », in *Droit de l'enfance et de la famille*, n° 45, 1997

ront définis par le magistrat. L'éducateur chargé de la mesure devra mettre tout en œuvre pour que la proposition et la réalisation se fassent en concertation avec les parents du jeune mis en cause.

Pour quels mineurs ?

Généralement, il s'agit plutôt de mineurs primo-délinquants âgés de dix à dix-huit ans. La plupart des juridictions sont unanimes pour privilégier les mineurs pour lesquels il n'y a jamais eu de procédure de police ou de gendarmerie[1]. Toutefois, rien n'interdit que cette mesure soit proposée pour d'autres jeunes, même réitérants ou récidivistes[2].

« Les mineurs adressés en réparation sont très majoritairement des garçons : 91 % en 1996, 92 % en 1997. On constate une légère hausse des vols et des actes de violence, une diminution des dégradations et surtout l'augmentation sensible des infractions (défaut d'assurance, de permis, etc.). Atteintes aux personnes : 26 %, atteintes aux biens : 74 %[3]. »

Certains tribunaux ordonnent des mesures de réparation pour des jeunes qui auraient fait l'objet de poursuites, d'autres pour des actes qui auraient été classés sans suite. Les uns considèrent que la réparation est une première réponse pénale éducative, une sanction ; les autres qu'elle est une mesure éducative préalable à toute sanction. Dans ce cas, lorsqu'elles sont prononcées avant poursuite, par le parquet, elles sont proches des mesures de médiation pénales pour majeurs (article 40-1 du code de procédure pénale).

Avant ou après engagement des poursuites, par le parquet ou par un juge des enfants, l'indication de réparation s'appuie sur une étude de faisabilité établie par un éducateur et ne peut être mise en œuvre qu'avec l'accord de la victime et de l'intéressé, sous le contrôle du magistrat.

L'étude de faisabilité

L'éducateur du Service éducatif auprès du tribunal, du Centre d'action éducative ou d'un service de « médiation-réparation[4] » du secteur asso-

1 Voir Corinne Brahinsky, « La réparation pénale à l'égard des mineurs », in *JDJ* n° 166, juin 1997.
2 On appelle réitérant un jeune qui a déjà commis des infractions et est connu des services de police ou de justice mais qui n'a jamais été condamné ; est récidiviste celui qui a déjà été condamné pour fait correctionnel.
3 Rapport d'activité 1998, Le Prado de Bordeaux.
4 Services habilités à prendre en charge des mesures de médiation (majeurs) et des mesures de réparation (mineurs).

ciatif habilité doit établir ce bilan de faisabilité concernant la possibilité d'une mesure de réparation et le transmettre, soit au substitut du procureur, soit au juge d'instruction ou au juge pour enfants.
L'éducateur doit s'assurer que le mineur a conscience d'avoir commis un acte réprimé par la loi et qu'il veut réparer. L'intention éducative de la procédure doit également lui être expliquée : la sanction vise à le responsabiliser et non à le punir. Dans la plupart des cas, en effet, la réparation va entraîner une dispense de peine. Le magistrat suit généralement l'avis de l'éducateur.
Une fois terminée, cette étude de faisabilité donne lieu, dans la plupart des cas, à l'établissement d'une convention de mise en œuvre de la mesure de réparation, formelle ou informelle, qui sera engagée après accord du magistrat ordonnateur et sous sa responsabilité.

Réparation directe ou indirecte

Les réparations directes, au profit de la victime, peuvent prendre l'aspect matériel d'une remise en état ou d'une indemnisation, ou l'allure plus symbolique d'excuses. Les réparations indirectes, au profit d'une collectivité, sollicitent une forte participation partenariale et génèrent une organisation complexe en soulevant des questions d'encadrement et de responsabilités.
La mesure de réparation directe peut porter sur le préjudice moral ou sur le préjudice matériel. Il peut s'agir, par exemple, de la remise en état d'un mur tagué, de la réparation d'une porte endommagée, du remboursement de la franchise après indemnisation de l'assurance, de la rencontre de la victime dans le bureau du juge en vue d'explications et d'excuses ou de la rédaction d'une lettre exprimant le regret. La victime peut être une personne morale mais aussi un service public. Par exemple, la dégradation d'un bâtiment communal peut entraîner une mesure de réparation au sein des services municipaux[1].
La mesure de réparation indirecte est réalisée au profit d'un tiers, soit que la victime n'ait pas souhaité rencontrer le jeune mis en cause, soit que l'éducateur et le magistrat aient préféré cette solution plus proche des besoins du mineur. Seront concernées des associations sociales, sanitaires, caritatives ou humanitaires : Croix-Rouge, Samu, Prévention

1 Voir Frédéric Manceau, « Note de situation concernant le TIG et les mesures de réparation pour mineurs », Contrat de ville, Évry, 1997.

routière, pompiers, etc. La dégradation d'un bâtiment communal peut entraîner, comme toute dégradation chez un particulier, une mesure de réparation au profit d'une association.
Lorsque la réparation indirecte prend la forme d'un travail, d'un service ou d'une activité réalisés au profit d'une collectivité, elle peut ressembler, et c'est le reproche qui lui est fait, au travail d'intérêt général. La qualification juridique est pourtant fort différente.

Le travail d'intérêt général

Le TIG est une peine, c'est une condamnation. La peine de travail d'intérêt général est le résultat d'une décision de justice du tribunal correctionnel ou du tribunal pour enfants, c'est donc une condamnation, soit à titre principal sous forme d'une peine de substitution à l'incarcération, soit à titre complémentaire d'une peine de prison avec sursis et mise à l'épreuve.
Le professeur Jacques Sélosse nous rappelle que l'application des dispositions sur le travail d'intérêt général a suscité de nombreux débats concernant « notamment sa valeur de substitution à l'incarcération et celle de compensation sociale par l'intermédiaire de réalisations contractuelles instrumentalisées[1] ».
Contrairement aux mesures de réparation dont le cadre est souple et qui concernent des mineurs souvent primo-délinquants, les TIG concernent plutôt des jeunes délinquants récidivistes de seize à dix-huit ans, mineurs au moment des faits, souvent majeurs au moment du jugement. Leur cadre est beaucoup plus strict. La non-effectuation de la peine de TIG peut, comme toute non-effectuation d'une condamnation, avoir des conséquences pénales, ce qui n'est pas, en principe, le cas de la mesure de réparation.

L'implication du partenariat

Les mesures de réparation, comme le TIG, sollicitent fortement la participation d'un partenariat local. Ces mesures ne peuvent être mises en place sans l'adhésion des acteurs de la ville (collectivités locales, asso-

1 Jacques Sélosse, « La réparation dans le champ éducatif pénal », in M. Vaillant (dir.), *De la dette au don, la réparation pénale à l'égard des mineurs*, ESF Éditeurs, 1994.

ciations, société de HLM etc.)[1]. Ainsi certaines communes, comme celles d'Évry, de Nanterre, de Cergy-Pontoise ou d'Épinay-sur-Seine, ont signé un protocole d'accord avec le parquet, le siège, la Protection judiciaire de la jeunesse, afin d'impliquer chaque partenaire dans la mise en place d'un dispositif de longue durée pour la prise en charge des mineurs délinquants.

Les éducateurs du Service éducatif auprès des tribunaux et, de plus en plus, les équipes des Centres d'action éducative, gèrent les mesures de réparation en liaison avec les collectivités locales. Ces services, ou ceux de la direction départementale de la Protection judiciaire de la jeunesse, concrétisent les protocoles passés avec les divers partenaires et s'attachent à promouvoir ces mesures. Avec les services municipaux, ils explorent de nouvelles possibilités d'accueil des mineurs.

La recherche de relais institutionnels susceptibles de donner aux mesures de réparation leur pleine fonction éducative, sociale et judiciaire génère naturellement pour les éducateurs une surcharge de travail. Cette difficulté de mise en œuvre explique-t-elle le nombre encore restreint de mesures de réparation effectivement ordonnées, surtout à l'initiative des juges pour enfants ?

Un pas de côté

Depuis 1945, l'esprit de la justice pour les mineurs consiste à privilégier le projet éducatif sur le répressif, à s'attacher plus à la personnalité du mineur qu'à la nature de l'infraction. La réparation est une mesure pénale, une sanction, mais pas une sanction répressive.

La notion de responsabilisation et celle de sanction ne sont pas aisément compatibles avec l'exigence de protection due à la minorité. La mesure de réparation pénale exige, sur ce point, de faire un pas de côté et de se dégager de l'alternative entre protection absolue et responsabilité totale. S'agissant d'un mineur, rien ne semble moins éducatif, a priori, que l'idée d'une absolue irresponsabilité. Rien ne semble plus injuste que celle d'une totale responsabilité.

Les professionnels de l'éducation ont appris à occuper l'espace intermédiaire entre ces notions apparemment opposées sans toutefois être inconciliables. Engager une action éducative, c'est intégrer le principe de réalité ; c'est aider l'adolescent à prendre conscience de ses actes et

1 Voir Frédéric Manceau, *op. cit.*

de leur portée, c'est sortir de la fausse contradiction qui opposerait sanction et éducation.
Les mouvements de balancier entre le « tout-répressif » et le « tout-protection » témoignent de la difficulté de trouver un équilibre dans ce domaine.

Bibliographie

ALLAIX, Michel, ROBIN, Alain, « La genèse de la mesure de réparation pénale à l'égard des mineurs », *in* Vaillant M. (dir.), *De la dette au don. La réparation pénale à l'égard des mineurs*, ESF Éditeur, 1994.

AUBUSSON DE CAVARLAY, Bruno, « La place des mineurs dans la délinquance enregistrée » in *Les Cahiers de la Sécurité Intérieure*, IHESI, 1997.

AVVANZINO, Pierre, HEUGHEBAERT, Serge, *La sanction et le soin*, Réalités Sociales, Lausanne, 1987.

BALIER, Claude, *Psychanalyse des comportements violents*, PUF, 1988.

BAUDRY, Patrick et LAGRANGE, Claude (dir.), *L'institution, la violence et l'intervention sociale*, Matrice, 1994.

BERGER, Maurice, « Les difficultés de penser la séparation », in *Actes des journées d'études ANPF*, 1996.

BIDART, Robert, « De la médiation pour les majeurs à la réparation pour les mineurs », *in* CARIO Robert (dir.), *La médiation pénale, entre répression et réparation*, L'Harmattan, 1998.

BLATIER, Catherine, *Du rôle des fantasmes de réparation en droit des mineurs*, Thèse de doctorat en psychologie clinique et pathologique, Grenoble, 1991.

BOBILLOT, Bernard, « L'alternative à la prison, c'est l'éducation », in *JDJ*, n° 155, mai 1996 ; « Trop d'éducatif tue l'éducation », à paraître in *JDJ*, texte du 20 mai 1998 ; « Mes droits, mes devoirs, ma protection », document inédit, à paraître.

BORDET, Joëlle, *Les « jeunes de la cité »*, PUF, 1998.

BRAHINSKY, Corinne, « La réparation pénale à l'égard des mineurs », in *JDJ*, n° 166, juin 1997.
BRUEL Alain, « La réparation, un faux départ », in *Mélampous* n° 4 (revue de l'association nationale des magistrats de la jeunesse), 1995 ; « Évolution actuelle de la justice des mineurs, sa place dans la cité », in *Le Temps de l'histoire*, Vaucresson, 1998.
CARIO, Robert (dir.), *La médiation pénale, entre répression et réparation*, L'Harmattan, 1997 ; *Les femmes résistent au crime*, L'Harmattan, 1997 ; *Jeunes délinquants, à la recherche de la socialisation perdue*, L'Harmattan, 1996.
CHAILLOU, Philippe, *Mon juge*, Le pré aux clercs, 1989 ; *La violence des jeunes. L'autorité parentale en question*, Gallimard, 1997.
CHARTIER, Jean-Pierre, *Les incasables, alibi ou défi*, Hommes et perspectives, 1989 ; *Les adolescents difficiles*, Privat, 1991.
COURTECUISSE, Victor, « Interactions entre violences agies et violences subies à l'adolescence », *in* Caroline Rey (dir.), *Les adolescents face à la violence*, Syros, 1997.
CREQUI, Bernard, « La réparation pénale génère-t-elle de nouvelles pratiques éducatives ? », in *Droit de l'enfance et de la famille*, Protection Judiciaire de la Jeunesse, n° 45, 1997.
CYRULNIK, Boris (dir.), *Ces enfants qui tiennent le coup*, Hommes et perspectives, 1998 ; *Les nourritures affectives*, Odile Jacob, 1993 ; *Sous le signe du lien*, Hachette, 1989, *Un merveilleux malheur*, Odile Jacob, 1999.
DAVID, Dominique, « L'autorité parentale et les institutions », CGFI 95, formation inter-associative : *L'enfant et l'adolescent entre famille et institution, liens, places et enjeux.*
DELUMEAU, Jean et ROCHE, Jean (dir.), *Histoires des pères et de la paternité*, Larousse, 1990.
DESWARTE, Jean-Jacques, « La pratique de l'ordonnance de 1945 du côté du prétoire », in *JDJ*, n° 141, 1995.
DUBET, François, *La galère. Jeunes en survie*, Paris, Fayard, 1987.
EINAUDI, Jean-Luc, *Les mineurs délinquants*, Fayard, 1995.
FREUD, Sigmund, « Éclaircissements, applications, orientations », in *Nouvelles conférences sur la psychanalyse*, Payot, 1971 ; « Au-delà du principe de plaisir » ; « L'intérêt de la psychanalyse », in *Résultats, idées, problèmes*, PUF, 1984 ; « Pour introduire le narcissime », in *La vie sexuelle*, PUF, 1969 ; « Quelques types de caractère dégagés par la psychanalyse », in *Essais de psychanalyse appliquée*, Gallimard, 1975.

GARVANI, Laurence, PETITIT, Françoise, *La fabrique de l'enfant maltraité*, Eres, 1998.

GISEL-BUGNION, Monique, *Punir sans prison*, Labor et Fides, 1984.

GODBOUT, Jacques, *L'esprit du don*, La Découverte, 1992.

GOFFMAN, Erving, *Stigmates. Les usages sociaux du handicap*, Minuit, 1975 ; *La mise en scène de la vie quotidienne*, Minuit, 1973.

HELLER, Caroline, « La faillite des pères et des institutions », in *Actualité sociale hebdomadaire*, 1998.

HERMANGE, M.-T. (dir.), *Regards européens sur la Protection de l'enfance*, M&M. Conseil, 1997.

JACOPIN, Sylvain, « Responsabilité pénale du mineur en droit français », *JDJ*, n° 172, février 1998.

JEAMMET, Philippe (dir.), *Adolescences. Repères pour les parents et les professionnels*, Fondation de France, Syros, 1997.

KAMMERER, Pierre, *Délinquance et narcissime à l'adolescence*, Païdos, 1992.

KLEIN, Melanie, « Sur la théorie de l'angoisse et de la culpabilité », in *Développements de la psychanalyse*, PUF, 1980 ; « Les tendances criminelles chez les enfants normaux », « La criminalité », « Contribution à l'étude de la psychogenèse des états maniaco-dépressifs », « Le deuil et ses rapports avec les états maniaco-dépressifs », in *Essais de psychanalyse*, Payot, 1982 ; *Envie et gratitude* (1957), Gallimard, 1988.

KNIBIEHLER, Yvonne, *L'histoire des mères*, Hachette, 1982 ; *La révolution maternelle*, Perrin, 1997.

LEGENDRE, Pierre, « Pouvoir généalogique de l'État », in *Espace Social* (revue du CNAEMO), 1997

MASSOTA, Paul (dir.), *Le non-droit des jeunes*, Syros, 1996.

MAZEROL, Marie-Thérèse, *Le juge des enfants, fonction et personne*, CRIV, Vaucresson, 1986.

MAZEROL, Marie-Thérèse, VILLIER, Joseph, « Le métier d'éducateur, un métier symptôme », in *Annales de Vaucresson*, 1972.

MOREAU, Pierre, « L'expérience du traitement direct à Bobigny, quelle justice pour quels effets ? in *Les Cahiers de la Sécurité intérieure*, IHESI, 1997.

MUCCHIELLI, Roger, *Comment ils deviennent délinquants*, ESF, 1965.

Œuvre de l'abbé Denis, *Adolescents en famille d'accueil*, CNFE-PJJ, 1994 ; *Adolescents et placement familial*, OAD, Pau, 1994.

PAIN, Jacques, et VILLERBU, Loick (dir.), *Jacques Sélosse, Adolescence, violences et déviances*, Matrice, 1997.

PETOT, Jean-Michel, *Melanie Klein, premières découvertes et premier système (1919-1932)* ; *Melanie Klein, le moi et le bon objet (1932-1960)*, Dunod, 1985.

PLANTET, Joël, « La délinquance des mineurs », in *Lien social*, n° 426, janvier 1998.

POTEKOF, Thérèse, TITRAN, Maurice, *Vies de familles. Un autre regard sur l'exclusion*, Gallimard, 1997.

PRAIRAT, Eirick, *La sanction, petites méditations à l'usage des éducateurs*, L'Harmattan, 1998.

REY, Caroline (dir.), *Les adolescents face à la violence*, Syros, 1997.

ROCHER, Sébastien, *La société incivile*, Seuil, 1996.

ROSENCZEIG, Jean-Pierre, « Faut-il réformer l'ordonnance du 2 février 1945 ? », in *Journal du droit des jeunes*, n° 171, janvier 1998. *Le dispositif français de protection de l'enfance, aide à l'enfance, droit familial, protection judiciaire, délinquance*, Jeunesse et droit, 1995.

SALAS, Denis, « La délinquance d'exclusion », in *Les Cahiers de la Sécurité intérieure*, IHESI, 1997 ; *Le tiers pouvoir. Vers une autre justice*, Hachette, 1998.

SEGAL, Hannah, *Introduction à l'œuvre de Melanie Klein*, PUF, 1964.

SÉLOSSE, Jacques, *Adolescence, violences et déviances*, Matrice, 1997 ; « La réparation dans le champ éducatif pénal », *in* VAILLANT, M. (dir.), *De la dette au don. La réparation pénale à l'égard des mineurs*, ESF Éditeur, 1994.

Syndicat de la magistrature, « Les dérives d'un parquet omniscient », in *Journal du droit des jeunes*, juin 1997.

THÉRY, Irène, *Le démariage*, Odile Jacob, 1993.

VAILLANT, Maryse (dir.), *La réparation dans la profession éducative*, CNFE-ES, Vaucresson, 1984 ; *Les adolescents difficiles*, CNFE-PJJ, 1989 ; *L'éducatif, le psychiatrique, les cas limites et la PJJ*, CNFE-PJJ, 1994 ; *De la dette au don. La réparation pénale à l'égard des mineurs*, ESF Éditeur, 1994 ; *L'adolescence au quotidien. De quelques principes utiles à l'usage des parents*, Syros, 1997.

VAILLANT, Maryse, « L'alchimie subtile de la réparation », in *Vue d'enfance*, 1996 ; « Du droit de haïr à celui d'exister », in *La médiation pénale, entre répression et réparation*, L'Harmattan, 1998 ; « Gratte, manque et don », in *Cahiers dynamiques*, 1997 ; « Adolescence, violence et justice. Ce que la rencontre avec la justice peut apporter aux adolescents aux prises avec la violence », *in* REY, Caroline (dir.), *Les adolescents face à la violence*, Syros, 1997.

VAILLANT, Maryse, VULBEAU, Alain, *Quête de sens et besoin d'action. Violences et pratiques professionnelles*, FDE, Marseille, 1998.

VULBEAU, Alain, « Des lieux d'expression : les espaces intermédiaires », in *Adolescents et lieux d'écoute*, Centre départemental de l'enfance du Morbihan, Vannes ; « Violence dans les villes », in *Annales de la recherche urbaine*, mars 1992.

WALGRAVE, Lod, *Délinquance systématisée des jeunes et vulnérabilité sociétale*, Éd. Médecine et Hygiène, 1992.

WINNICOTT, D. W., « La tendance antisociale » (1956), « Objets transitionnels et phénomènes transitionnels » (1951), in *De la pédiatrie à la psychanalyse*, Payot, 1976 ; « L'utilisation de l'objet », « La créativité et ses origines », « L'activité créatrice et la quête de soi », in *Jeu et réalité*, Payot, 1980 ; « La délinquance, signe d'espoir », in *Conversations ordinaires*, Gallimard, 1988.

ZAGNOLI, Nello (dir.), *Ne pas perdre la face*, CNFE-PJJ Vaucresson, 1994.

Dossiers, rapports et circulaires

Circulaire du garde des Sceaux, 11 mars 1993 : mise en œuvre à l'égard des mineurs de la mesure de réparation pénale (article 12-1 de l'ordonnance n° 45-174 du 2 février 1945).

Circulaire relative à la politique pénale en matière de délinquance juvénile du garde des Sceaux, ministre de la Justice, 15 juillet 1998.

Bilan : « La mesure de réparation pénale à l'égard des mineurs », in *Le journal du droit des jeunes*, n° 135, mai 1994.

Conférence des ministres européens responsables des affaires familiales, XXe session, Helsinki du 26 au 28 juin 1995. Rapport MMF-XXIV (95) fait à Strasbourg, le 28 septembre 1995 par le conseil de l'Europe.

« L'action éducative aujourd'hui », *Cahier du droit de l'enfance et de la famille*, n° 45, 1997.

Femmes en Île-de-France, faits et chiffres, Délégation régionale aux droits des femmes d'Île-de-France, INSEE, 1995.

Le Travail d'intérêt général a dix ans, le résultat en vaut la peine, ministère de la Justice, Études et recherches, 1994.

Pacte de relance pour la ville, prévention de la délinquance en milieu urbain et de lutte contre l'insécurité ; circulaire interministérielle, 13 février 1997.

Rapport sur les Unités à encadrement éducatif renforcé (UEER) et leur apport à l'hébergement des mineurs délinquants. Inspection générale des affaires sociales, Inspection générale des services judiciaires, Inspection générale de l'administration.

Reproduit et achevé d'imprimer
sur Roto-Page
par l'Imprimerie Floch
à Mayenne, le 6 septembre 1999.
Dépôt légal : septembre 1999.
Numéro d'imprimeur : 46827.

ISBN 2-07-075370-0 / Imprimé en France

87367